MADAGASCAR

LOUIS PAULIAT

MADAGASCAR

PARIS

CALMANN LÉVY, ÉDITEUR

ANCIENNE MAISON MICHEL LÉVY FRÈRES

RUE AUBER, 3, ET BOULEVARD DES ITALIENS, 15,

A LA LIBRAIRIE NOUVELLE

1884.

A LA MÉMOIRE

DU REGRETTÉ AMIRAL PIERRE

COMMANDANT DE L'EXPÉDITION FRANÇAISE DE MADAGASCAR EN 1883
QUI SUT TENIR SI HAUT LE DRAPEAU DE LA FRANCE
EN FACE DES INTRIGUES BRITANNIQUES
ET DONT TOUS CEUX QUI L'ONT APPROCHÉ GARDENT LE SOUVENIR
COMME CELUI D'UN HOMME DONT LA MORT A ÉTÉ UNE PERTE
IRRÉPARABLE POUR NOTRE PAYS

PRÉFACE

Il n'est pas possible de nier que depuis trois années environ notre pays n'ait certaines préoccupations de politique coloniale.

Quelque sympathie, cependant, que l'on éprouve *à priori* pour les expéditions d'outre-mer du ministère, on ne peut se défendre de remarquer qu'il n'y a guère que l'expédition de Madagascar qui puisse ouvrir de sérieux débouchés à notre exportation et à nos nationaux désireux de s'établir au dehors, c'est-à-dire qui réponde à l'objectif qu'une politique coloniale doive obligatoirement se proposer.

Quand bien même, en effet, des conventions conclues à la légère n'accorderaient pas en Tunisie une situation tout particulièrement avantageuse au commerce de l'Angleterre et de l'Italie, et quand même la conquête de cette contrée assurerait à nos industries un écoulement plus étendu qu'auparavant, il y a une chose indiscutable, c'est qu'on ne peut regarder les États du bey comme pouvant être un véritable champ d'émigration pour notre pays. Le sol y est à peu près totalement occupé. Pour l'obtenir, il faudrait pour ainsi dire, comme en Algérie, en exproprier les indigènes. D'autre part nos lois, notre organisation, nos mœurs, notre religion, sont sans rapport avec celles de la population tunisienne, et l'on sait pertinemment que ce n'est pas notre mode d'administration qui serait de nature à rendre son assimilation possible. Aussi, malgré nos bonnes intentions, des insurrections devant être fatalement prévues à des périodes plus ou moins éloignées, on conviendra que cette perspective n'a rien qui puisse tenter les émigrants. Dans ces conditions, il n'y a donc en réalité que dans la mise en valeur des richesses inexploitées jusque-là, faute de capitaux, que la possession de la Tunisie devra vraiment nous être de quelque utilité. Mais il saute aux yeux que le nombre des Français susceptibles de s'y transporter de ce chef ne pourra être que relativement très restreint.

Une observation du même genre est à faire pour l'Annam et le Tonkin.

Lors même que l'on arriverait à réparer les fautes commises depuis les débuts de l'expédition, et qu'avec de la diplomatie, du bonheur, de l'esprit de suite, une grande intelligence des choses et des hommes, nous réussirions non seulement à pacifier rapidement ces contrées, mais, en nous étendant à un moment donné sur le Cambodge, Siam, la Birmanie et la Chine méridionale, à constituer sous notre domination un vaste empire chinois et cochinchinois, — à moins d'être dans une ignorance complète de la question, il est manifeste que toutes ces conquêtes nous seraient également sans grand avantage comme déversoir à notre population. Nous n'avons pas besoin de dire en effet combien ces régions regorgent d'habitants. C'est au point qu'il n'y a pas la plus petite parcelle de terrain de véritable valeur qui soit disponible. D'un autre côté, la race jaune n'est nullement, comme celle des Hindous, portée à la contemplation et à la rêverie. Elle est active, laborieuse, pleine d'industrie. L'oisiveté lui est insupportable. Lutter avec elle comme cultivateurs, ou comme marchands de détail, ou sur le terrain du travail manuel, serait une ambition que les Européens caresseraient en vain. On connaît en outre la sobriété de ses enfants : quelques poignées de riz suffisent à la nourriture journalière de chacun d'eux. Que l'on consulte, d'ailleurs, sur tous ces articles, les provinces de l'Amérique où les Chinois vont offrir leurs services. On sera convaincu de suite que, dans ce « struggle for life » que les économistes appellent la « loi de l'offre et de la demande », c'est sans le moindre succès que la race blanche prétendrait disputer la victoire à la race jaune et la supplanter.

Dans l'hypothèse donc d'un grand empire asiatique français, nous admettons sans peine que nos produits y rencontreraient des marchés importants. Mais qu'on nous croie : c'est beaucoup plus comme exportateurs et metteurs en œuvre de la production du pays, que comme importateurs de produits français, que nous aurions à y gagner. En tous cas, une fois que les postes nécessités par l'organisation politique de cet empire seraient remplis et que les grandes maisons françaises qui s'y fonderaient auraient composé leur personnel, nous ne voyons point à quelle sorte d'occupation nos compatriotes disposés à quitter la France pourraient s'adonner dans ces contrées, avec la certitude non pas de s'y enrichir, mais seulement d'y subsister.

Certes, ce ne serait pas le sol qui manquerait au Congo. Il y a là des espaces vides où cent millions d'Européens pourraient, du jour au lendemain, aller se fixer sans se gêner les uns les autres. Mais on sait combien le climat y est funeste à la plupart des hommes de nos pays; ce n'est pas exagérer de dire que ceux qui s'y transporteraient y mourraient tous, s'ils devaient avoir à y travailler de leurs mains. On se bercerait donc encore de ce côté d'une illusion toute gratuite, si l'on s'imaginait que le Congo pourra jamais servir de but à un grand courant d'émigration. Ce n'est guère que par l'établissement de comptoirs plus ou moins nombreux, où l'on organisera le trafic et l'échange, qu'il nous sera donné d'en tirer parti.

Il en est au contraire tout autrement quand on considère Madagascar, et qu'on s'avise de juger cette île au point de vue des bénéfices que sa possession vaudrait à une nation d'Europe. Un instant de réflexion suffit en effet pour se convaincre que la conquête de Madagascar serait, à tous égards, de beaucoup préférable à toutes celles du Congo, de la Tunisie ou du Tonkin.

Comme étendue, Madagascar offre une superficie de 590,000 kilomètres carrés, soit environ 52,000 kilomètres carrés de plus que la France. Or, si l'on tient compte que sa population, estimée par les uns à 2 millions et demi, par les autres à 5 ou 6 millions, n'est pas supérieure à 3 millions ou 3 millions et demi, on voit quelle énorme masse de terres elle met à la disposition de l'émigration d'un pays. Six ou sept millions de Français pourraient s'y établir sans qu'il fût nécessaire de dépouiller un seul naturel. Et comme en raison de sa configuration allongée, — elle a 360 lieues de long sur 105 de large dans sa largeur moyenne, — elle présente un développement de côtes de près de 900 lieues, on devine dans quelles merveilleuses conditions on pourrait y créer des centres de colonisation. Quelque nombreux qu'ils fussent, la plupart pourraient être en communication directe avec la mer.

Autre considération. Qu'on n'aille pas croire que le sol que ces émigrants auraient à cultiver soit de qualité ordinaire. Sa fécondité est au contraire inouïe. Le riz, qui demande tant de soins aux Indes et en Chine, y croît, pour ainsi parler, sans culture. Un plant de canne à sucre, qui partout ailleurs donne au plus 12 pousses, en fournit 60 dans beaucoup d'endroits de Madagascar, et l'abondance de la sève est telle que les 2 premières ne peuvent être utilisées qu'à la fabrication du rhum. Les pâturages y sont d'une telle fertilité qu'il n'est pas rare d'y voir, comme à la Plata, des troupeaux de 15, 20 et 30,000 bœufs. Dans certaines parties, du reste, un bœuf coûte 25 francs, et l'on a un gros mouton pour 2 fr. 50 c. Quant aux forêts, où l'on rencontre les plus rares et les plus précieuses essences, elles renfermeraient de quoi alimenter pendant un siècle toute l'ébénisterie de notre pays.

Au point de vue minier, ce n'est pas moins beau. Le peu que

l'on en sait, par les explorateurs et les naturalistes qui ont parcouru l'île, apprend que Madagascar possède d'abondantes mines de tous les métaux : or, argent, mercure, étain, cuivre, fer ; on sait en outre que sur la côte nord-ouest il existe un immense bassin houiller de plus de 3,000 kilomètres carrés, dont le charbon vaut presque ceux du Royaume-Uni. Dans plusieurs localités, il est même à affleurement, c'est-à-dire qu'on pourrait l'extraire à la pioche et à ciel ouvert. Si l'on veut bien ne pas oublier que toute la houille consommée dans les mers des Indes et de la Chine vient de l'Angleterre, on aura une idée des avantages considérables que l'exploitation de ces mines procurerait à la navigation de tous les pays.

Il y a, il est vrai, une ombre à ce tableau quelque peu enchanteur : elle tient à la renommée d'insalubrité qui, depuis deux siècles, a fait donner à Madagascar le surnom de « cimetière des Européens ». Mais disons que tous ceux qui ont habité l'île pendant de longues années protestent contre cette réputation, dès qu'on l'invoque pour prétendre que Madagascar ne saurait être colonisée par l'Europe.

Comme dans tous les pays tropicaux et intertropicaux, l'année se partage, à Madagascar, en deux saisons : la saison sèche, du commencement de mai au milieu d'octobre ; et l'autre, la saison des pluies ou « hivernage », de la seconde moitié d'octobre à la fin d'avril. De la première il n'y a rien à dire, car elle est absolument saine. Mais pendant la seconde, il se produit des fièvres qui présentent assez souvent des caractères pernicieux chez les Européens ignorants de ce qu'il y a à faire pour les éviter ou les guérir. Ce sont ces fièvres dont on s'est toujours servi pour déclarer que Madagascar était inhabitable.

Afin de montrer combien cette assertion est sujette à caution, nous ferons d'abord observer que ces fièvres ne sévissent sérieusement que sur le versant oriental de l'île et seulement sur la côte, vu qu'on n'en trouve plus trace dès que l'on s'avance de huit à dix lieues dans l'intérieur. Il serait donc souverainement injuste de faire porter sur toute l'île de Madagascar un reproche qui, à tout prendre, ne saurait s'adresser qu'à l'une de ses parties. Nous ajouterons que l'on connaît aujourd'hui des remèdes commodes et simples, qui enlèvent à ces fièvres tout danger et qui en débarrassent en quelques jours ceux qui ont été assez négligents pour s'en laisser gagner. D'ailleurs, du moment qu'il est acclimaté, ce qui demande deux ou trois années, un Européen n'a pas plus à les redouter que les naturels du littoral, qui n'en souffrent jamais.

Mais l'objection n'a pas même cette valeur toute limitée, attendu que, grâce à des observations datant de loin et vérifiées par tous les médecins qui ont visité ces parages, il est de notoriété publique qu'on pourrait faire disparaître à jamais ces fièvres du pays. Leur cause est tout artificielle et pourrait être facilement supprimée. Elle vient de ce qu'une partie de l'année, en raison de la direction des moussons, les flots de la mer battant constamment la côte orientale, il s'en est suivi avec les siècles l'ensablement de l'embouchure des rivières. C'est ce qui fait qu'à la saison des pluies, l'écoulement des eaux étant gêné, il se forme sur toute la longueur de la côte d'immenses marécages dont ce sont justement les exhalaisons pestilentielles qui provoquent ces fièvres.

Lescalier, chargé en 1791, sous la Législative, d'étudier la question de la colonisation de Madagascar, indique dans son rapport combien peu de travaux seraient nécessaires pour que la salubrité du pays ne laissât rien à désirer. On sait en outre, par Laverdant, qu'en 1808 trois créoles de la Réunion avaient proposé au général Decaen, alors gouverneur de l'île de France, de dessécher tous les marais de la côte orientale, depuis Sainte-Marie jusqu'au pays des Antatschimes, soit un peu plus du tiers de la partie malsaine. Ils ne réclamaient que 1,000 esclaves dont la propriété leur aurait été acquise, pour toute rétribution, une fois le travail achevé.

On doit juger par là combien il y aurait peu de dépenses

à faire de nos jours, avec les dragues puissantes dont nous disposons.

Quoi qu'il en soit, on voit à ces explications sommaires quelle magnifique acquisition serait pour la France une contrée aussi vaste et aussi riche que Madagascar, où l'on ne fait pas moins de deux récoltes par an, où il y aurait un territoire aussi grand que celui de notre pays à peupler, où dans les provinces du centre, dont le climat est le même que dans les meilleures régions de France, on peut faire venir les légumes et planter tous les arbres fruitiers de notre pays, sans en excepter la vigne. Elle offrirait un champ infini d'activité à l'esprit d'entreprise de ceux de nos nationaux, qui cherchent à quitter la mère patrie pour se dérober à son état économique, dans lequel tous les cadres sont remplis, dans lequel on se heurte à chaque instant et en n'importe quoi, à des premiers occupants et à des droits acquis, et où, dans toutes les branches du commerce, de l'industrie, du fonctionnarisme, on est toujours sûr de rencontrer cinquante postulants pour une place à obtenir, laquelle, par parenthèse, est loin d'être toujours utile. Dans l'hypothèse enfin où Madagascar serait semée de colonies de Français, on devine l'immense écoulement qu'y trouveraient les produits de la métropole et quels échanges de toute nature on y pourrait établir.

Nous n'insistons pas davantage dans cet ordre d'idées; nous passons également sous silence les ports de premier ordre que la côte Nord de Madagascar offrirait à notre marine.

Mais, quand on connaît la valeur coloniale de Madagascar et quand on songe que la question de cette île a été soulevée en même temps que celle de la Tunisie et du Tonkin, il est impossible de ne pas se dire que, dans ses expéditions extérieures, le ministère a dû obéir à des vues de politique coloniale ou peu solides ou bien peu éclairées, pour qu'il ait jugé l'expédition de Madagascar comme ne devant venir qu'en troisième lieu.

Or comment se fait-il qu'une pareille contrée, située relativement tout près de l'Europe, puisque par le canal de Suez elle est seulement à 18 jours des côtes de France, ne soit pas encore occupée par une nation européenne, quand ces nations sont allées aux antipodes se disputer des îles n'ayant pas la millième partie de son importance ? Quels sont les droits que la France peut invoquer sur elle, et d'où nous viennent-ils ? Quand tous les peuples semblent généralement admettre que Madagascar nous appartient en droit, quelles causes nous ont empêchés jusqu'ici d'en prendre possession ? Étant donné enfin les circonstances présentes, que devrions-nous faire pour réparer au plus vite le temps perdu ?

Telles sont les questions que nous nous proposons d'examiner ici.

Nos lecteurs se méprendraient s'ils s'imaginaient qu'avec cette étude leur esprit est menacé de rester exclusivement confiné dans ce qui se rapporte à l'île de Madagascar. La question de Madagascar, dans le passé et dans le présent, est liée par tant de côtés aux fortunes diverses de la France en Europe et dans les autres parties du monde, qu'avec elle on pourrait presque écrire une critique de notre politique coloniale depuis deux siècles et faire une histoire de tous les embarras que différents pays nous ont suscités de ce chef. Bien entendu, nous n'avons pas commis la faute dans ce travail de prendre la question à un point de vue aussi vaste. Mais le sujet est tel, qu'il éveille de lui-même chez chacun une foule d'idées générales, des mieux à leur place, surtout en ce moment où la politique coloniale semble reprendre faveur parmi nous.

PREMIÈRE PARTIE

MADAGASCAR DE 1642 A 1816

CHAPITRE PREMIER

Madagascar dans le passé. — Sa découverte. — Sa concession, en 1642, pour dix ans, à une Compagnie particulière, la Compagnie Rigault. — Administration de Pronis et de Flacourt.

Située sur la côte orientale de l'Afrique, dont elle est séparée par le canal de Mozambique, Madagascar ne fut découverte qu'en 1506, neuf ans après que Vasco de Gama, à la recherche d'une route pour les Indes, eut doublé le cap de Bonne-Espérance. Depuis deux siècles son existence avait bien été révélée à l'Europe par Marco Polo, qui la désignait même sous le nom de « Madeigascar ». Mais comme ses récits étaient taxés d'imaginations, aucun des navigateurs qui passaient par le « cap des Tempêtes » n'avait cru nécessaire de vérifier ses dires. Tous cinglaient directement sur la Chine et les Indes, ne soupçonnant pas qu'ils laissaient sur leur gauche l'île décrite par le célèbre vénitien comme « une des plus belles et des plus riches qui soient au monde ». Elle ne fut découverte que par hasard, une tempête ayant jeté sur ses côtes un vaisseau de l'amiral Tristan d'Acunha, lequel lui donna le nom de Saint-Laurent.

Bien qu'à partir de ce moment Madagascar eût sa place sur les cartes, on ne lui accordait aucune attention. Devant l'abondance des terres nouvelles, toutes les préférences étaient pour les terres habitées, riches, pouvant offrir de l'or ou, ce qui revenait au même, de ces tissus, de ces objets précieux, de ces épices, dont l'Europe était avide et qui se vendaient à des prix incroyables. On a bien la preuve que des vaisseaux portugais, espagnols et anglais visitèrent quelques parties de son littoral, cherchant à se renseigner sur ses ressources et à nouer des relations de commerce; mais on ne voit aucun gouvernement y faire acte de prise de possession. Cette situation de terre abandonnée dura jusqu'en 1642. A cette date, une Société française, organisée par un Dieppois nommé Rigault, sollicita de Richelieu, qui s'empressa de la lui accorder, la concession pendant dix années de l'île de Madagascar et des îles adjacentes « pour y ériger colonie et commerce ». La seule condition était d'en prendre possession au nom du Roi de France.

Tel est le premier fondement de nos droits à Madagascar; l'île allait appartenir à la France en vertu du droit du premier occupant.

On sait quel était alors l'usage de tous les pays d'Europe pour créer des courants d'émigration et mettre en valeur les territoires de toute sorte dont on devait la découverte à Christophe Colomb, à Vasco de Gama ou à leurs successeurs. Le gouvernement concédait ces territoires, soit à temps, soit à perpétuité, à des compagnies, lesquelles ensuite, à leurs risques et périls, organisaient le pays, envoyaient des colons, réglementaient le commerce, fondaient des industries, en un mot cherchaient par tous les moyens à tirer le plus grand profit possible de leur concession. C'est de cette façon qu'on a procédé à peu près partout durant les XVIe, XVIIe et XVIIIe siècles. Et si l'on tient compte des nombreux centres de colonisation qui furent créés pendant cette période, force est de convenir que ce système des compagnies avait du bon.

Il n'est pas douteux, en effet, que l'appât de bénéfices matériels à réaliser constituait un excellent aiguillon. Aussi une compagnie était-elle beaucoup plus capable qu'un gouvernement d'utiliser des contrées nouvelles. Le grand point, le point essentiel pour elle, était d'avoir à la tête de son entreprise des agents fidèles, intelligents, pratiques, sachant faire le meilleur emploi possible des capitaux de premier établissement qu'on leur confiait, capables en même temps de bien discerner la conduite à tenir et les dispositions à prendre pour arriver, autant que faire se pouvait, aux résultats les plus immédiats.

Or, en ce qui concerne Madagascar, c'est justement parce que les sociétés qui ont eu successivement, à partir de 1642, la concession de cette île, n'y ont jamais été favorisées sous le rapport des administrateurs, que le régime des compagnies, qui a formé de si belles colonies dans les autres contrées, n'y a rien produit.

Le premier agent, Pronis, à qui la Société Rigault donna la direction de son établissement de Madagascar, était effectivement le dernier homme sur lequel le choix aurait dû porter. C'était un individu brutal, sans jugement et sans la moindre envergure d'esprit, n'ayant souci que de s'enrichir, fût-ce aux dépens de la Compagnie dont il avait à défendre les intérêts. A peine a-t-il sa commission (mars 1642), qu'il part sans s'occuper de recueillir des renseignements. Aussi tombe-t-il à Madagascar au commencement de l'hivernage, c'est-à-dire à l'époque des fièvres, et pour comble de malheur, il s'installe à Sainte-Luce, aujourd'hui Manghafia, vers l'extrémité S.-E. de l'île, un des endroits alors les plus malsains. Cette imprévoyance fut cause que la maladie fit de terribles ravages dans les rangs de ceux qu'il avait amenés.

Dans l'aménagement des ressources en vivres, marchandises ou argent, qu'il avait apportées ou qu'on lui envoya après son départ, il fit preuve d'une inconcevable incurie. Il se livra même à de telles dilapidations, que la gêne et le dénuement ne quittaient point la colonie, et qu'il provoqua un mécontentement général. C'est au point qu'au retour d'un voyage d'exploration, qu'il avait entrepris sur la côte orientale de l'île et au cours duquel il répéta à Sainte-Marie, Fénériffe, Antongil, Mascareign (plus tard Bourbon), l'acte de prise de possession qu'il avait déjà fait lors de son débarquement à Sainte-Luce, il vit tous les colons qui restaient se révolter contre lui.

Grâce à son incapacité, l'établissement tomba donc dans une anarchie complète, et cette anarchie était d'autant plus fâcheuse que des établissements de cette nature demandent avant tout, pour réussir, une entente parfaite et la plus grande union.

Mais ce n'est pas seulement par sa mauvaise administration intérieure que Pronis compromit le succès de l'œuvre ; ce fut encore en s'aliénant, contre toute raison, les sympathies des naturels.

Les naturels, braves, ouverts, dévoués, pleins d'admiration pour les blancs, heureux d'être en rapport avec eux, ne demandaient qu'à accepter le gouvernement de Sainte-Luce. Le lendemain même de son débarquement, plusieurs tribus avaient mis le plus vif empressement à faire alliance avec Pronis. Nombre d'indigènes venaient travailler au fort, y apportant chaque jour le riz et le bétail nécessaires à notre consommation.

Devant d'aussi bonnes dispositions, un administrateur sérieux se serait efforcé de s'attacher les naturels en les traitant avec douceur et un véritable esprit de justice ; par ce moyen, il aurait pu former avec eux une sorte d'organisation pacifique, dont le commerce de la Compagnie n'aurait eu qu'à se bien trouver. Si Pronis avait procédé ainsi, la Compagnie aurait certainement et sans la moindre peine assis sa souveraineté sur toutes les régions peuplées, lesquelles seraient devenues pour elle une source importante de revenus. Des exemples répétés montreront dans la suite combien la chose aurait été facile. La conduite de Pronis fut au contraire, à leur égard, celle d'un véritable forban, entretenant systématiquement l'état de guerre entre les peuplades, leur prêtant son concours armé en échange de provisions, les trahissant à l'occasion, faisant perdre par là tout prestige et aux blancs et à l'établissement.

Un jour même il alla plus loin. Ayant vendu à un planteur de l'île de France soixante-treize esclaves, dont il n'avait pas le premier, il ne trouva rien de mieux, pour être en mesure de tenir son marché, que de se saisir d'un nombre égal de naturels, tous de condition libre, appartenant aux premières familles de nos alliés, et qui étaient venus au fort nous rendre visite et nous faire des présents. A partir de ce moment, la défiance que cet acte de déloyauté sema parmi les indigènes fut irrémédiable. Ils n'accordèrent plus désormais que par contrainte, ou moyennant argent, ce qu'ils se faisaient auparavant un plaisir de donner gratuitement et de pleine volonté.

La Société Rigault ne fut guère informée de l'incurie et de l'improbité de Pronis qu'au commencement de 1648. Et dès le mois de mai de la même année, elle envoyait un nouveau Directeur, [de Flacourt, pour le remplacer. Ce dernier, aussitôt

arrivé, transporta le siège de l'établissement un peu plus bas,
dans un lieu qu'il nomma Fort-Dauphin en l'honneur du premier
fils de Louis XIV.

Flacourt était l'intégrité même, et ce n'est certes pas avec
lui, comme avec Pronis, que les colons auraient eu à se plaindre
de gaspillage ou de dilapidations. Mais on doit lui reprocher
d'avoir suivi à l'égard des naturels une politique inspirée par la
plus insigne maladresse. Flacourt appartenait à cette variété
d'hommes pour laquelle on ne possède bien un pays qu'en tenant sa population sous un joug de fer, et si l'on peut se permettre avec elle tous les arbitraires, sans qu'elle ose ou puisse
bouger.

Ne comprenant pas plus que Pronis qu'en ménageant la
fierté, la juste susceptibilité et l'esprit d'indépendance des tribus indigènes, il aurait pu les fédérer sous l'hégémonie de la
France et les tourner au commerce et à la production, il employa
tout son temps à d'éternelles expéditions contre elles, leur im-
posant des contributions, les obligeant à faire preuve de la
soumission la plus complète, transformant ainsi une œuvre qui
aurait dû être toute commerciale et de colonisation, en une entreprise exclusivement militaire, dont la durée était à la merci d'un
échec et qui, par conséquent, ne pouvait créer qu'un état de
choses factice et sans avenir. On aura idée du déplorable esprit
dont Flacourt était imbu, si l'on se reporte à la gloire qu'il tire
dans ses écrits d'avoir détruit cinquante villages en deux ans.

Somme toute, grâce aux fautes respectives de Pronis et de
Flacourt, la Société Rigault arriva en 1652, c'est-à-dire à l'expiration de sa concession de dix années, sans avoir obtenu de
résultat satisfaisant.

CHAPITRE II

L'échec de la Compagnie Rigault avait tellement surpris et mécontenté le Conseil du Roi, qu'on ne voulut pas proroger *de plano* sa concession. Pour la nouvelle concession à donner, des commissaires spéciaux furent institués « à l'effet d'entendre les propositions qui seroient faites, tant par les intéressés et associés en la Compagnie du sieur Rigault que par les autres qui pourroient se présenter et former une nouvelle Compagnie ». Après examen, la concession fut accordée pour quinze années à une Compagnie nouvelle, constituée en partie avec l'ancienne. Le duc de La Meilleraye en était un des principaux intéressés. Voyons ce que cette deuxième Compagnie va donner.

La politique compressive et militaire inaugurée par Flacourt coûtait tant de dépenses, et procurait si peu de profit, que sur les conseils du duc de La Meilleraye, après la mort de Flacourt, on négligea presque complètement l'établissement de Fort-Dauphin, pour se donner tout entier à ce qui regardait l'exploitation et le peuplement de l'île de France et de Bourbon. Aussi, pendant plusieurs années, les vaisseaux de la Compagnie n'allèrent guère à Madagascar que « pour y faire des prisonniers », qu'ils vendaient ensuite comme esclaves. Les esclaves marrons qui, pendant un siècle et demi, ont fait la désolation de l'île de France et de Bourbon, proviennent en partie de cette époque ; ils furent originairement composés de Malgaches, dont on s'était emparé par trahison ou par ruse, et qui une fois vendus s'étaient enfuis dans les parties incultes de ces îles, d'où ils portaient le pillage et l'incendie sur les plantations.

Cependant, vers 1659, la Compagnie sentit qu'elle ne pouvait laisser plus longtemps Madagascar de côté sans essayer d'y faire quelque chose. Elle se détermina donc à y envoyer une expédition capable de faire prendre à l'établissement de Fort-Dauphin un certain essor. De Champmargou fut mis à la tête. Champmargou, comme agent principal de la Compagnie, eut bien le sens juste de la voie à suivre pour aboutir ; mais il manquait d'une largeur d'esprit suffisante pour donner aux choses une bonne impulsion. Par exemple, il avait compris du premier coup, ce dont ne s'étaient jamais douté ni Flacourt, ni Pronis, que ce n'était pas par la force, mais par la persuasion et de bons procédés, qu'il fallait agir avec les naturels. C'est pourquoi à peine fut-il à Fort-Dauphin, qu'au lieu de s'occuper de guerre, comme ses prédécesseurs, il chargea un simple employé de la Compagnie, natif de la Rochelle, du nom de Lacase, qui connaissait la contrée pour y avoir séjourné et l'avoir parcourue pendant plusieurs années, de nouer, au nom de la Compagnie, de sincères relations amicales avec les indigènes. Lacase se mit, sans tarder, en campagne, et en quelques mois, par son entremise et son savoir-faire, la plupart des peuplades établies dans la partie de l'île avoisinant Fort-Dauphin étaient liées à la France par des traités de paix et d'amitié. C'était un résultat inespéré eu égard aux préventions laissées par le souvenir de Flacourt et de Pronis.

Tout autre que Champmargou aurait béni la Providence de lui avoir mis dans les mains un agent aussi précieux que Lacase, et s'en serait amplement servi pour étendre la domination de la Compagnie. Il se montra au contraire jaloux de ses succès, et craignant probablement d'être supplanté par lui, il lui refusa toute récompense, tout avancement, allant même jusqu'à le soumettre devant les indigènes à certaines humiliations imméritées. Aussi Lacase, découragé, en vint-il à cette extrémité de quitter l'établissement avec cinq camarades, et d'aller offrir ses services à un roi de l'intérieur, dont il avait été fort bien accueilli dans une entrevue précédente. Ce roi, qui désirait le retenir définitivement, s'empressa de lui faire épouser sa fille unique. Lacase n'avait gagné au service de la Compagnie que de voir mettre sa tête à prix par Champmargou. Mais, par les résultats auxquels il était arrivé, on juge de ceux que de la diplomatie et des intentions pacifiques auraient pu permettre de réaliser.

Bien qu'il eût perdu avec Lacase son bras droit et un conseiller indispensable, il est certain que Champmargou n'aurait pas laissé péricliter la situation créée avec son concours. Malheureusement, la Compagnie, autant pour avoir de puissants protecteurs à Paris que pour sacrifier au préjugé propagandiste de l'époque, eut la funeste inspiration d'expédier à Madagascar un lazariste, le P. Étienne, avec ordre à Champmargou de se tenir entièrement à sa disposition pour la conversion des naturels. C'est là ce qui devait tout perdre.

Le P. Étienne était un fanatique, incapable d'entrer dans aucune considération. Dès son arrivée, sans le moindre ménagement et avec une brusquerie impardonnable, il se mit à harceler les indigènes qui venaient au fort, pour les décider à embrasser le christianisme. Ses obsessions étaient telles qu'il finit par nous aliéner tout le monde, d'autant plus que Champmargou était forcé de dire comme lui et de l'appuyer en tout. Ce n'était pas la guerre, mais une désaffection générale pouvant, à un certain moment, se traduire en hostilité déclarée.

Un de nos meilleurs alliés était Dian-Manong, le chef de la plus puissante tribu du Sud. Persuadé que sa conversion, s'il l'obtenait, déciderait de celle des autres, le P. Étienne se rend dans son village, pénètre dans sa case et, au mépris de toutes les lois de l'hospitalité, s'emparant de ses amulettes et de ses idoles, les jette au feu devant lui. L'injure ne pouvait être plus grande. Fou de vengeance, Dian-Manong attaque le P. Étienne s'en retournant à Fort-Dauphin et l'égorge avec toute son escorte. Étant donné les ordres qu'on lui avait envoyés au sujet du P. Étienne, c'était un acte qu'il n'était pas possible à Champmargou de laisser impuni. Il marcha donc contre

Dian-Manong avec une armée de 600 Français et de 1,500 naturels; mais, cerné sur le bord d'une rivière, c'en aurait été certainement fait de lui sans Lacase, qui gouvernait alors sous le nom de sa femme qu'il avait fait proclamer reine à la mort du roi son beau-père, et qui, averti du péril de son ancien chef et de ses compatriotes, survint avec 3,000 de ses sujets et 10 Français. Grâce à Lacase, l'ennemi fut battu et Champmargou sauvé. Mais alors commença entre celui-ci et tous les naturels une guerre atroce, impitoyable, où l'on détruisait tout par le fer et le feu, sans qu'aucun être humain fût épargné, pas même les femmes et les enfants, et dans laquelle nos armes furent loin d'être heureuses. Un jour, les Français se virent tellement resserrés dans Fort-Dauphin, qu'il ne leur restait plus d'autre alternative que de mourir de faim ou de se rembarquer. Heureusement pour eux, Lacase n'avait pas de rancune : ayant eu connaissance de leur situation, il vint disperser les bandes assiégeantes et réussit encore à les délivrer.

On peut tenir pour sûr que si la concession était arrivée alors à son expiration, ces nouveaux insuccès n'auraient guère déterminé le roi à la proroger. Mais nous sommes en 1664, et elle n'expirait qu'en 1668. Or, à ce moment, de grandes idées s'agitaient à la Cour de France ; Colbert, tout entier à ses vastes projets de politique commerciale, songeait à la formation d'une grande Compagnie française des Indes orientales, qui fît le pendant à la Compagnie des Indes occidentales créée par lui l'année précédente. Dans l'esprit de Colbert, Madagascar et toutes les îles voisines devaient être concédées à cette Société, afin de lui servir de bases d'opération et d'entrepôts pour son commerce avec la Chine et les Indes.

Cette « Compagnie des Indes orientales » fut effectivement constituée à la fin de 1664, sous l'inspiration du grand ministre. Elle était au capital de 15 millions de livres et le courant d'opinion en sa faveur était tel, que le roi et la cour y entrèrent pour 5 millions. Témoignage éclatant de l'union existant alors pour cette œuvre entre toutes les parties de la France, la plupart des villes du pays tinrent à honneur d'y contribuer par des souscriptions, entre autres Lyon, Rouen, Bordeaux, Tours, Nantes, Saint-Malo, Rennes, Toulouse, Grenoble, Dijon, Moulins, Bourges, Le Havre, Marseille, Dunkerque, Metz, Amiens, Langres, Chalons, le corps des marchands de. Paris, etc. — Nous donnons ces noms de ville, en manière de réponse à ceux qui prétendent ou s'imaginent que l'unité de la France date de la centralisation de Napoléon Ier.

La Compagnie recevait le monopole du commerce des Indes orientales ; on lui donnait à perpétuité Madagascar, qui prenait le nom d'île Dauphine ; et Madagascar, avec les îles des environs appartenant à la France, comme l'île de France et Bourbon, formait un ensemble territorial auquel on donna l'appellation de « France orientale, — *Gallia orientalis* ». De par l'édit constitutif, le siège social de la Compagnie était à Fort-Dauphin, et ses opérations devaient commencer par la conquête et l'occupation de Madagascar. L'entrée en jouissance des territoires de la « France orientale » devait être immédiate, le roi s'étant engagé à indemniser, s'il y avait lieu, la Compagnie Rigault-La Meilleraye.

Tout faisait présager pour la colonisation à venir de Madagascar les meilleures destinées.

Le zèle de la Compagnie était si grand, qu'elle n'avait pas voulu attendre pour se mettre à l'œuvre que ses actions fussent intégralement souscrites. Elle décida, en attendant l'organisation de la grande expédition mère, d'instituer le Conseil suprême qui devait siéger à Fort-Dauphin et de le faire partir sans retard, afin de pourvoir d'urgence aux besoins de la colonie, car on venait d'apprendre les difficultés où elle avait été jetée par l'affaire du P. Étienne.

Cette première expédition mit à la voile le 5 mars 1665. Dès son arrivée, le Conseil donna témoignage d'un grand sens pratique. S'étant rendu compte de la situation, il maintint Champmargou en place, en lui adjoignant comme lieutenant Lacase, auquel, en récompense de ses services, on décerna une épée d'honneur.

L'émotion de Lacase fut telle en voyant que justice lui était enfin publiquement rendue, qu'il demanda 200 hommes, se faisant fort avec eux de faire la conquête pacifique de Madagascar. On aurait dû accepter ; il avait fait ses preuves, il avait de l'autorité sur les naturels, dont il connaissait à fond les mœurs, les usages, l'esprit, et qu'il savait comment prendre. Les risques n'étaient pas grands, et, en cas de succès, ç'aurait été l'accomplissement de la première partie de l'œuvre de la Compagnie. On connaissait du reste assez sa prudence et son habileté, pour être sûr que, dans la supposition même où il serait déçu dans ses présomptions, il n'était pas homme à rien compromettre. Le Conseil suprême manquat-il en cette circonstance de confiance et d'initiative ? Ne se crut-il pas muni de pouvoirs suffisants pour prendre une pareille décision ? Ne craignit-il pas plutôt de donner trop de relief à un homme après tout de basse extraction ? Nous l'ignorons. En tous cas, les offres de Lacase en restèrent là.

Près de trois années se passèrent, à pourvoir aux logements et à continuer les vastes plantations de poivre, gingembre, etc., commencées précédemment dans les alentours de Fort-Dauphin, et dont on trouve encore des restes aujourd'hui. On attendait la Grande expédition de la Compagnie. Elle n'arriva qu'en 1668, comprenant 10 vaisseaux, dont un de 36 canons. Elle amenait le gouverneur général ou vice-roi, marquis de Montdevergue, avec deux directeurs des Indes, un procureur général, quatre compagnies d'infanterie, dix chefs de colonie, huit marchands et trente-deux femmes. Mais elle apportait si peu de provisions que, sans Lacase, les nouveaux arrivés n'auraient jamais eu de quoi vivre.

Montdevergue conserva en sous-ordre Champmargou et Lacase. Il ne lui avait fallu que quelques semaines pour comprendre que la domination de l'île, pour être rapide, à bon marché et durable, devait être fondée à proprement parler sur le consentement des indigènes et non sur la violence. Sous l'empire de cette conviction, il se mit immédiatement à la besogne, résolu à tout pour faire cesser l'état de guerre où l'on vivait depuis bientôt sept ans.

Grâce à la diplomatie de Lacase, une réconciliation fut ménagée entre les Français et Dian-Manong, qui reçut le titre de prince de Mandarey, sous lequel il fit le serment d'obéissance et de fidélité. L'intention de Montdevergue était de faire de tous les chefs de peuplade des manières de grands feudataires de la Compagnie, sous le couvert desquels on aurait organisé une vaste colonisation.

La réconciliation de Dian-Manong entraîna celle de toutes les autres tribus qui s'étaient insurgées contre nous. En moins de dix-huit mois, la paix fut complètement rétablie avec tous, et l'on reprit les relations d'échange. L'influence de Fort-Dauphin gagnait de plus en plus dans l'intérieur ; l'occupation graduelle de Madagascar était en bonne voie ; tout paraissait devoir aller désormais sans entraves. Mais, sur ces entrefaites, il se produisit une révolution dans les projets primitifs de la Compagnie des Indes orientales.

Ses opérations, on s'en souvient, devaient être de deux natures : elle avait d'abord à coloniser Madagascar et à la mettre en valeur ; puis à s'établir et à fonder un grand commerce dans les contrées riches et peuplées des Indes. Or la première opération ne pouvait être qu'une gêne pour les autres et les rendre même impossibles, tant elle réclamait de ressources, sans compter que les profits devaient se faire attendre.

Dans ces conditions, la Compagnie demanda au roi et obtint de lui de disjoindre l'affaire de Madagascar de celles du commerce des Indes, et de lui rétrocéder cette île, dont elle avait reçu la concession à perpétuité.

Ce devait être la chute de toutes les espérances que la constitution de la Compagnie des Indes orientales avait pu faire concevoir.

En 1670, en effet, l'amiral de La Haye reçut l'ordre de se rendre à Fort-Dauphin pour prendre le commandement de l'établissement, qui devait être désormais géré pour le compte du roi.

L'amiral de La Haye était de l'école de Flacourt. Sans connaissance des lieux, des hommes ni des choses, n'ayant pas, comme l'agent d'une compagnie, à s'inspirer dans sa conduite de bénéfices matériels à réaliser, ne comprenant point par suite la nécessité d'user de procédés doux et habiles avec les naturels, il déploya une telle hauteur, un esprit de morgue tellement blessant, qu'il ne tarda pas à mettre tout le monde contre lui, les

Français comme les indigènes. S'imaginant que l'autorité ne se fonde et ne se maintient que par la terreur, un chef ayant tardé à venir lui faire hommage, au lieu de patienter, de La Haye trouva plus politique de lui déclarer la guerre et marcha contre lui à la tête d'une armée de 1,300 hommes, dont 500 Français; mais il fut complètement battu.

Cette défaite entraîna un soulèvement général, qui devait anéantir près de trente années d'efforts. De La Haye, voyant qu'il a tout compromis, s'embarque, dans la pensée que Champmargou et Lacase, livrés à eux-mêmes, sauront réparer ses fautes. Mais les indigènes, si souvent trompés, restent cette fois irréconciliables. Dans une rencontre, Lacase est tué; il en est bientôt de même de Champmargou. Le gendre de Lacase, La Bretesche, auquel passe le commandement de la colonie, est lui-même défait et prend le parti de s'enfuir furtivement sur un navire de passage. Après son départ, Fort-Dauphin est escaladé et tous les Français qui s'y trouvent sont égorgés (1672). Le désastre ne pouvait être plus complet. Tout était à recommencer. Nous n'avions plus un seul de nos nationaux sur le sol de Madagascar.

Si l'on considère, de 1642 à 1672, les causes des échecs de la colonisation française à Madagascar, sans s'arrêter à l'incurie qui fit presque toujours correspondre l'arrivée des envois de la métropole avec la saison des fièvres, on voit qu'il les faut toutes attribuer au mauvais choix des gouverneurs, dont aucun, sauf Montdevergue, ne sut approprier sa conduite à la situation. Les uns, comme Pronis, dilapidèrent les ressources confiées à leurs soins, provoquant à plaisir l'hostilité des indigènes qui ne demandaient qu'à vivre en bonne intelligence avec nous; les autres, comme Flacourt et de La Haye, ne songeaient qu'à la guerre, en sorte que leur colonie aurait dû se composer exclusivement de régiments destinés à tenir les peuplades sous le joug. Champmargou, tout en ayant de la probité et le flair de ce qu'il fallait faire, eut le tort de rendre l'établissement solidaire des malheurs du P. Étienne. En somme, il n'y eut qu'un seul homme dont la capacité soit hors de conteste, c'est Lacase. Si, lorsqu'il se révéla, la Compagnie avait suivi ses idées, nul

doute que la colonisation aurait réussi, et Madagascar aurait
été à cette époque ce qu'étaient déjà le Canada et les Antilles,
un lieu de rendez-vous pour tous les Français qui voulaient coloniser.

Louis XIV et Colbert n'étaient pas hommes à abandonner
une idée qu'ils avaient cru bonne. Aussi est-il probable qu'ils
agitèrent longtemps le moyen de reprendre la colonisation de
Madagascar. Mais Louis XIV, de plus en plus absorbé par sa
politique continentale, n'eut guère le loisir de s'occuper de
cette question. De son côté, Colbert mourut. Pour bien montrer toutefois que, si la France ne faisait provisoirement rien
de cette île, il n'en fallait pas conclure qu'elle renonçait à sa
possession, un arrêt du conseil en date de 1686 la réunit
solennellement au domaine de la Couronne. Cette réunion fut
confirmée en 1720 et 1725 par d'autres édits, qui avaient pour
objet de couper court à des entreprises particulières qui se pro-
posaient de mettre Madagascar en exploitation.

CHAPITRE III

Hostilité des administrateurs de l'Ile de France et de Bourbon à la concession de Madagascar à une Compagnie particulière ou à son exploitation pour le compte du roi. — Le caporal Labigorne. — Échec de la tentative de Maudave, en 1769.

Le désastre de 1672 avait été tellement complet que, pendant près d'un siècle, la France ne fit rien pour utiliser Madagascar. Mais dans cet intervalle, il allait malheureusement se produire une nouvelle cause d'échec, qui devait être la ruine de tout ce qu'on serait disposé plus tard à y tenter. Nous parlons de l'hostilité des administrateurs de l'île de France et de Bourbon.

A partir de la fin du xvii⁰ siècle, ces deux îles s'étaient de plus en plus peuplées. Les plantations de cannes à sucre, d'épices et de café y avaient pris une telle extension qu'elles avaient fini par envahir les terrains jusque-là consacrés à l'élevage du bétail et à la production du riz. Il en résultait que, pour leurs vivres, les habitants devaient compter sur le dehors, et c'est à Madagascar qu'ils allaient les chercher.

Or, Madagascar faisant partie du domaine du roi, il y avait à craindre que le monopole du commerce n'en fût accordé à quelque particulier ou à une compagnie, ce qui aurait obligé les traitants de ces îles à payer une sorte de redevance pour avoir le droit de s'y approvisionner. Cette crainte était d'autant moins chimérique qu'en 1758 et en 1767 le gouverneur de l'île de France avait publié, au nom du roi, un décret réservant expressément le droit du roi au privilège exclusif du commerce sur toutes les côtes de Madagascar. Du moment où le roi se réservait ce privilège, il était aisé d'en conclure qu'il n'attendait que l'occasion d'en user. D'ailleurs, en envisageant la question à un autre point de vue, il était manifeste que la colonisation de la grande île donnerait lieu à des plantations analogues à celles de l'île de France et de Bourbon. D'où une concurrence dangereuse à prévoir. Il y avait donc un intérêt capital pour ces deux îles à ce qu'à Madagascar les choses restassent en l'état et qu'on n'y entreprît rien de sérieux ou, si l'on y entreprenait quelque chose, que tout échouât.

Ce fut effectivement contre le mauvais vouloir et les sourdes résistances provoquées par ces raisons, à Bourbon et à l'île de France, que vinrent se briser, deux entreprises assurément les mieux conçues qui aient jamais eu Madagascar pour objectif : celle de Maudave et celle de Bényowsky, — les seules tentatives de colonisation qui aient été faites dans cette contrée au XVIIIᵉ siècle.

Comme exemple de la facilité des indigènes à supporter notre autorité quand elle n'était pas accompagnée de violence, peut-être devrions-nous rapporter ici l'histoire d'un soldat de la Compagnie des Indes en garnison à l'île de France, le caporal Labigorne, qui épousa la reine de Sainte-Marie et de Foulepointe et qui, pendant dix-sept années (1750-1767), jouit sur tout le littoral, de Tamatave à la baie d'Antongil, d'une considération extraordinaire, servant d'arbitre suprême entre les chefs des naturels et organisant les échanges entre les peuplades et les traitants. Mais ce serait une digression à peu près inutile ; il nous tarde, du reste, de terminer rapidement cet historique des essais de colonisation de la France à Madagascar.

En dépit de l'éloignement de nos insuccès passés, leur souvenir était si profondément gravé dans les esprits, qu'on serait probablement resté encore de longues années sans rien faire dans cette grande île. Mais le déplorable traité de 1763, qui nous avait dépouillés de la plupart de nos colonies au profit des Anglais, avait eu à la longue des conséquences tellement funestes pour notre commerce et notre émigration, que le gouvernement cherchait tous les moyens de reconstituer notre ancien empire colonial.

C'est à cette circonstance que la question de Madagascar dut de revenir sur le tapis. En 1767, le comte de Maudave, ayant proposé au ministre Choiseul de relever les ruines de Fort-Dauphin et d'y fonder un établissement, reçut l'accueil le plus favorable, tandis qu'auparavant on l'aurait à peine écouté.

Maudave avait étudié avec une scrupuleuse attention les différentes causes de nos échecs antérieurs et s'était rendu compte que, pour réussir à coloniser Madagascar, il ne fallait se préoccuper que du commerce ; c'est-à-dire qu'on ne devait aucunement s'embarrasser dans des détails de propagande religieuse quelconque, ni viser à l'assujettissement du pays par la force. Dans le plan qu'il présenta au ministère, il démontrait qu'en procédant d'après ses conseils on pouvait sans grosse dépense arriver à de rapides et sérieux résultats. Les idées de Maudave plurent, ses projets furent agréés, on le nomma « commandant pour le roi à Fort-Dauphin », et on l'engagea à gagner de suite son poste (1768), en l'assurant que d'importants envois de colons et de marchandises lui seraient expédiés tous les ans.

Fort de ces promesses, en arrivant à Fort-Dauphin, Maudave entra en pourparlers avec les tribus voisines. Et il réussit si bien à les convaincre de ses bonnes intentions, que des traités de paix et d'amitié furent immédiatement conclus avec elles, et que, dans une réunion solennelle, il obtint des indigènes qu'ils lui cédassent gratuitement un espace de 10 lieues carrées de terres qu'il destinait à des cultures. C'était un excellent début.

Mais aucun des envois promis ne vint, pas même le premier. Engagé dans des complications extérieures, le ministère lui fit savoir qu'il ne pouvait lui allouer plus de 63,000 francs par an. Eu égard au but proposé, la subvention était insignifiante. Maudave cependant aurait persisté, quitte à donner moins d'ampleur à ses idées, et en attendant que la métropole pût faire davantage. Mais ces 63,000 francs *espèces* ne pouvaient pas avoir la moindre utilité dans ses mains. Pour se pourvoir de ce dont il aurait eu besoin, il n'y avait que l'île de France ou Bourbon où il pût s'adresser ; or les administrateurs de ces deux îles, dans la crainte que son œuvre n'aboutît, avaient pris une série de mesures pour qu'il lui fût impossible d'y embaucher des ouvriers ou d'y faire l'achat de marchandises.

Dans ces conditions, de quelque opiniâtreté que fût doué Maudave, il est évident que tout lui devenait impossible. Aussi revint-il en France (1769), à la grande joie des traitants de ces îles, lesquels voyaient disparaître avec lui un danger. Ajoutons que leur satisfaction ne devait pas être de longue durée.

Si Maudave, en effet, n'avait fait que passer à Fort-Dauphin, ses idées, ses plans, le parti qu'il avait montré qu'on pouvait tirer de Madagascar, tout cela était resté dans les conseils du roi et y avait rencontré de puissants partisans. On en a la preuve avec l'expédition de Bényowsky, qui eut lieu trois années après, en 1772, et qui est certainement l'épisode le plus curieux de l'histoire de la France à Madagascar. Cet homme fit de telles choses dans ce pays, qu'on se croirait revenu, avec lui, aux temps de la fable.

CHAPITRE IV

Bényowsky, son passé. — Il est chargé par la France de coloniser
Madagascar, en 1772.

Bien que magnat de Hongrie, en raison de grands biens
qu'il possédait en Pologne, Bényowsky avait été entraîné à
prendre les armes contre la Russie. Obligé de se cacher et
impliqué dans une conspiration à Saint-Pétersbourg, on l'avait
arrêté, et il avait été déporté au Kamtchatka.

Homme actif, d'une haute intelligence, plein d'entrain et de
feu, nourri de la pure moelle des encyclopédistes, par son imagination et ses idées, par ses qualités d'entregent et d'homme
du monde, Bényowsky exerçait une véritable fascination sur
tous ceux qui l'entouraient. Au Kamtchatka, il ne tarda pas
à conquérir les bonnes grâces du gouverneur, lequel le pria
de donner des leçons de français à ses filles. L'aînée s'éprit
bientôt de lui. L'ayant obtenue en mariage, cette situation le
mit à même de mener à bien le projet d'évasion qu'il avait
formé dès le premier jour. Une nuit, avec ses compagnons
d'exil, il s'empare du fort et de tout ce qui s'y trouvait, met la
main sur un brick alors dans le port, le charge de tout ce qu'il
peut, s'y embarque avec ses camarades, et le voilà cinglant à
toutes voiles, ayant, pour venir en France, où il se proposait
d'aborder, à contourner toutes les côtes de la Chine et de
l'Indo-Chine, à traverser la mer des Indes, à doubler le cap de
Bonne-Espérance, etc. C'était un acte d'une audace et d'une
intrépidité inouïes pour l'époque, vu les moyens dont il disposait, et dans l'ignorance où l'on était alors des lieux par où il
fallait passer.

Durant cette traversée aventureuse, s'étant arrêté à Formose
pour y faire de l'eau et des vivres, Bényowsky est tellement en-
chanté du climat, de la fécondité du sol, de l'accueil qu'il reçoit
des habitants, aussi bien des chefs que du peuple, qu'il conçoit
l'idée des avantages immenses qu'un pays d'Europe trouverait en fondant un établissement colonial dans cette île. Il
s'en entretient avec les chefs; tous sont de son avis et convien-
nent que les avantages ne seraient pas moindres pour leur
pays. Dès lors, sans plus hésiter, Bényowsky se fait donner par
eux des pouvoirs et part en leur promettant de revenir avec
l'appui d'une puissance européenne qui prendra Formose sous
sa suzeraineté.

Après des péripéties sans nombre, Bényowsky parvint enfin
à s'embarquer pour l'Europe sur un bateau de la Compagnie française des Indes, qu'il rencontra à Macao. Il s'arrête
quelques semaines à l'île de France, touche à Fort-Dauphin et
arrive à Paris, où sa renommée l'avait déjà précédé.

La société française était alors bien différente de ce qu'elle
est devenue depuis. Dès qu'un homme, peu importait sa nationalité, avait fait preuve dans quelque ordre d'dée que ce fût,
d'un courage ou d'une capacité hors ligne, s'il venait à Paris,
il pouvait compter sur les sympathies de toutes les classes
de la société et surtout de la plus haute. Partout on lui faisait
fête. Tous les salons lui étaient ouverts. Il était le lion du jour.
La réception que l'on fit à Bényowsky fut extraordinaire. Le
gouvernement lui-même s'en mêla. Et comme il était très bien
apparenté, non seulement en Autriche et en Pologne, mais encore à Paris même, selon l'usage de la cour de France, qui était
d'employer tous les étrangers de valeur, on lui offrit le commandement d'un régiment d'infanterie. Bényowsky accepta, sous
la condition que ce serait pour servir aux colonies. Il songeait
en cette circonstance à son projet de colonisation de Formose.

Ce projet lui occupait tellement l'esprit, en effet, qu'il saisit
la première occasion de s'en ouvrir au ministre et de lui exposer
le plan qu'il avait arrêté. Ce plan « consistoit à former une
colonie en se conciliant la bienveillance, la confiance et l'attachement des naturels du pays ». Bényowsky assurait que

« lorsque l'on auroit acquis de l'ascendant sur leurs esprits, les naturels se porteroient d'eux-mêmes à rendre les colons maîtres de la contrée ; alors, ajoutait-il, il ne seroit pas difficile de leur faire adopter le code de lois, et d'établir le genre de commerce qui leur seroit proposé, etc. » D'après lui, « il y avoit peu de dépenses à faire ; seulement, il falloit borner ses prétentions à la suzeraineté, n'exiger que des subsides et n'avoir en vue que les avantages provenant du commerce à faire avec la métropole ».

Ces idées furent jugées très sages, très sensées, très pratiques. M. de Boynes, secrétaire d'État au département de la marine, y souscrivit pleinement. Il n'y fit qu'une réserve : c'est que ce serait non à Formose, mais à Madagascar qu'elles seraient appliquées. Et en forme de conclusion, il proposa à Bényowsky de fonder dans cette dernière île un établissement « à la faveur duquel on pût dans la suite exécuter un plan beaucoup plus étendu en gagnant la confiance des rois, princes et chefs du pays, et en les engageant à mettre leur île sous le protectorat de S. M. le roi de France ».

Une mission de cette sorte, avec un grand pays comme la France derrière lui, était trop conforme aux goûts de Bényowsky pour qu'il la déclinât ; il accepta donc. Lorsqu'on discuta avec lui le côté des voies et moyens, on voulût lui donner 1,200 hommes de troupes ; mais il représenta au ministre que ce chiffre était « trop élevé pour une expédition où il s'agissoit avant tout de gagner la confiance des naturels ». Il fit observer que 300 hommes lui suffiraient, et l'on convint qu'il les lèverait lui-même, afin de les choisir plus aptes à l'entreprise. Quant aux autres moyens, on s'engageait à lui envoyer tous les ans 120 colons, hommes, femmes et enfants, avec des fournitures en armes, poudre, étoffes et marchandises, susceptibles d'être échangées avec des peuples du pays. Pour des motifs d'économie de frais de transport, il fut arrêté que, pour tout ce dont il aurait besoin la première année, il s'adresserait aux administrateurs de l'île de France, lesquels devaient avoir, du reste, le contrôle de ses magasins, de ses dépenses et des marchandises destinées aux échanges.

Une fois ces préliminaires réglés, Bényowsky s'occupa de ses préparatifs, leva ses hommes, fréta le navire sur lequel ils devaient s'embarquer. Mais quand tous ses apprêts furent faits, et que sur le point de partir on lui remit sa commission, Bényowsky fut tout surpris d'y lire une clause dont il n'avait jamais été question dans ses entretiens avec le ministre. D'après cette clause, les administrateurs de l'île de France devaient être seuls juges du bien fondé des demandes quelconques d'objets ou d'hommes qu'il aurait à leur faire. Bényowsky fit de suite observer que dans de pareilles conditions il pouvait dépendre du mauvais vouloir des administrateurs de tout lui refuser, et par conséquent de lui lier les bras.

C'était la veille de son départ que la commission lui avait été remise. Il n'était pas possible de la changer sur l'heure; mais le ministre lui fit dire d'être sans inquiétude, l'assurant que des ordres lui donnant pleine satisfaction seraient directement envoyés à l'île de France, et qu'ils y parviendraient avant lui.

Soit oubli ou tout autre chose, ces ordres ne furent pas expédiés. Ainsi, ce malheureux, plein d'initiative, d'énergie, de capacités, à qui on aurait dû laisser les coudées franches, allait se trouver soumis à la discrétion absolue de gens n'ayant ni ses idées, ni ses talents, ni son ardeur, ni cette sorte de *flatus divinus* sans lequel aucune œuvre du genre de la sienne ne saurait être ni bien conçue ni bien conduite, et qui, pour cette raison, même au cas où ils n'auraient pas intérêt à le traverser, devaient être naturellement portés à le paralyser de leurs objections.

Bényowsky était arrivé du Kamtchatka en France le 8 août 1772; ce fut le mois suivant (17 septembre) qu'il accepta sa mission à Madagascar. Il quitta Paris pour le port d'embarquement le 22 mai 1773; le 22 septembre de la même année il débarquait à l'île de France.

Alors va commencer entre lui et les administrateurs de cette île une lutte odieuse, cruelle, antipatriotique, dont notre politique coloniale a offert plus d'un exemple, et qu'il serait désirable de ne plus voir se rencontrer.

CHAPITRE V

Lutte engagée contre Bényowsky par les administrateurs de l'Ile de France. — Il débarque à la baie d'Antongil, fonde Louisbourg, s'allie avec toutes les tribus, les emploie à des travaux de desséchement et de routes. — Merveilleux résultats auxquels il était arrivé en trente-deux mois.

L'administration de l'île de France était alors aux mains d'un gouverneur, de Ternay, et d'un intendant ou gouverneur en second, Maillard.

Quand Bényowsky arriva, de Ternay était absent. Maillard, au premier mot que Bényowsky lui dit de ce qu'il venait faire, déclara que la réussite d'un établissement comme celui qu'il projetait à Madagascar était impossible, que lui, Maillard, y était opposé, et qu'elle serait d'ailleurs la ruine de tous les traitants de l'île de France et de Bourbon, puisqu'en vertu du monopole du commerce possédé par le roi, il faudrait désormais employer l'intermédiaire de l'établissement pour commercer à Madagascar. Quant aux objets que Bényowsky demandait, il répondit qu'il ne voulait rien prendre sur lui et qu'il fallait attendre le retour du gouverneur. Lorsque le gouverneur arriva, quelques semaines plus tard, son attitude fut la même. Il s'éleva également contre l'idée de l'établissement, prétendit tout haut qu'il ne pouvait qu'avorter, et s'étonna, au demeurant, que la cour eût décidé d'une pareille création sans consulter l'administration de l'île de France. Une coalition se forma dès lors entre les traitants, le gouverneur, l'intendant et les planteurs. Leur dessein était d'empêcher Bényowsky d'accomplir sa mission, et de l'obliger à s'en retourner.

Non seulement, en effet, il ne put pas obtenir de Maillard et de Ternay les hommes et les marchandises que, par ordre du ministre, ils avaient à lui fournir ; mais ils s'opposèrent même à ce qu'il se les procurât dans le public. Ils le retinrent ainsi pendant cinq longs mois. Grâce à son énergie et à son activité, Bényowsky put enfin déjouer leurs manœuvres; mais il dut employer la surprise pour s'embarquer et pour faire embarquer son monde.

Il aborda à la baie d'Antongil en février 1774. Il avait été décidé que l'établissement serait créé dans ces parages, autant parce que la côte Nord était plus salubre, que parce que c'était de la baie de Tamatave à la baie d'Antongil que le commerce avec les deux îles françaises était le mieux organisé.

N'ayant pu amener Bényowsky à renoncer à ses projets, les administrateurs de l'île de France résolurent de ne s'arrêter devant rien pour le faire échouer. De connivence avec les traitants, ils font répandre dans toutes les peuplades de la côte le bruit qu'il était venu pour réduire les habitants de Madagascar en esclavage, et que le roi de France ne le soutenait nullement, ainsi qu'il le prétendait. Il était clair que, si l'on parvenait à ameuter les indigènes contre lui, c'en était fait de l'établissement.

Mais Bényowsky n'était pas seulement un homme à idées; c'était un prodigieux metteur en œuvre et un manieur d'hommes de première force. Dès qu'il eut tracé, au fond de la baie d'Antongil, les limites de la ville qu'il voulait fonder et à laquelle il donna le nom de Louisbourg, il fit des ouvertures à toutes les tribus des environs; grâce à son savoir-faire, à sa douceur, à son adresse, à son grand esprit de justice, il parvint à désarmer les préventions que les gens de l'île de France avaient fait naître chez elles et se les attacha par des traités. Une seule opposa de la résistance : celle des Zaffi-Rabé. Mais, avec une habileté remarquable, il lui acheta ses villages, ce qui entraînait pour elle, vis-à-vis des autres naturels, l'obligation de s'éloigner. Comme elle n'en persistait pas moins à vouloir l'attaquer, il fit appel à l'arbitrage de ses alliés, et non seulement ceux-ci lui donnèrent raison, mais ils lui offrirent leur concours pour refouler les Zaffi-Rabé.

Ainsi, en quelques mois, Bényowsky était arrivé à ce résultat étonnant de faire battre les indigènes pour lui.

Quelques marais rendaient Louisbourg insalubre. Bényowsky demande des travailleurs moyennant rémunération. Les tribus amies lui fournissent 6,000 hommes, et en quatre jours un canal de 1,500 toises est percé, qui facilite l'écoulement entier des eaux.

Ayant entendu parler d'un endroit de l'intérieur nommé « Plaine de Santé », où il suffisait d'un séjour d'une semaine pour se guérir des fièvres contractées sur la côte, Bényowsky s'y fait conduire, y bâtit un fortin pour ses hommes malades et, avec l'aide des naturels, le met en communication directe avec Louisbourg par un chemin de six lieues de long sur quatre toises de large, bordé des deux côtés par un fossé.

Une tribu d'Agontzi avait demandé d'entrer dans la fédération qu'il avait constituée avec les indigènes. Il se rend chez elle, lui fait accepter la suzeraineté de la France, et en obtient l'engagement qu'elle établira une route entre Agontzi et Louisbourg, soit une distance de vingt-huit lieues, à laquelle 12,000 hommes travailleront.

Des peuples des environs de Foulepointe, étant en guerre, le prient d'être leur arbitre. Il termine leur différend, et, en échange de son alliance, leur fait promettre de construire une route pour aller à Louisbourg et d'y employer 10,000 hommes, jusqu'à parfait achèvement.

Bref, dans les trente-deux mois que dura son séjour à Louisbourg, Bényowsky exécuta de telles choses que, cent ans après, en 1863, les agents de la Compagnie de Madagascar, en exploration dans les forêts de cette partie de l'île, étaient tout émerveillés d'en trouver encore des traces.

Et cependant il n'avait reçu aucun secours de la métropole. Toutes ses lettres de réclamations étaient demeurées sans réponse. On ne lui envoya aucun des 120 colons, ni rien des marchandises qu'on avait promis de lui expédier tous les ans. Chaque fois qu'il avait à écouler sur l'île de France, ou du riz, ou des bœufs, ou des esclaves les administrateurs lui promettaient tout, mais n'envoyaient ni les colons, ni les artisans, ni les objets dont il disait avoir besoin. Ils eurent la barbarie de ne pas même lui faire parvenir de quoi pourvoir à l'entretien du per-

sonnel militaire ou autre de l'établissement. Il était, à proprement parler, abandonné de la mère patrie; ses malheureux
compagnons en étaient tombés dans un profond découragement.

C'est au passage fortuit d'un navire hollandais que Bényowsky dut de pouvoir se procurer du drap. Mais il fut dans l'obligation d'improviser des tailleurs et des couturières, pour con-
fectionner les vêtements de ses hommes. Quant aux chaussures,
il dut faire tanner des peaux et former des cordonniers.

L'animosité des administrateurs de l'île de France, loin
de diminuer, grandissait au contraire chaque jour, de toute
l'inutilité de ce qu'ils faisaient pour amener la chute de l'établissement.

On se souvient qu'ils avaient le contrôle de ses magasins et
des marchandises destinées au trafic. Dans l'espérance d'amener
au moins la ruine commerciale de l'entreprise, les employés
qu'ils imposèrent pour ce service à Bényowsky eurent l'ordre
de mal tenir les comptes et d'aider au gaspillage. Malgré tout, à
la fin de 1775, c'est-à-dire après moins de deux ans, les affaires
se soldaient par 340,000 livres de bénéfice. Et le progrès était
en tous sens. Il ne se passait pas de mois où une peuplade du
centre ou de la côte n'envoyât des ambassadeurs pour traiter
d'une alliance.

Sur les conseils de Bényowsky, toutes les coutumes barbares
et sanguinaires des indigènes, comme l'égorgement des enfants nés certains jours réputés néfastes, étaient l'une après
l'autre spontanément abolies.

En résumé, la confédération dont Louisbourg était la capitale avait acquis une telle importance, que les Sakalaves, nos
alliés d'aujourd'hui, mais qui étaient alors les dominateurs de
l'île, en prirent ombrage et se levèrent en armes pour la détruire. Cette guerre était une épreuve qui pouvait devenir fatale.
Dans d'aussi graves conjonctures, Bényowsky convoqua ses
alliés pour la défense commune, mais sans être sûr qu'ils vien-
draient. *Aucun* d'eux ne manqua à l'appel. C'était une marque de
confiance absolue; car, de temps immémorial, les Sakalaves
étaient redoutés. Dans la bataille qui suivit, la déroute de
ces derniers fut complète; ils furent réduits à invoquer la paix.

CHAPITRE VI

Projet formé par Bényowsky en se voyant abandonné de la métropole. —
Il se fait proclamer souverain de l'île par les naturels, s'embarque pour
la France, y est mal accueilli, va en Amérique, et à son retour à Madagascar y est tué par des soldats envoyés de l'île de France. — Lescalier.
— Bory Saint-Vincent. — Le général Decaen. — La capitulation
de 1811.

De cette époque date un changement profond dans les desseins de Bényowsky.

L'abandon dans lequel le laissait la France, les déboires
dont il était journellement abreuvé par les administrateurs de
l'île de France, le succès de l'établissement de Louisbourg, qui
permettait de supputer les avantages de toutes sortes que
l'organisation de Madagascar, telle qu'il l'entendait, devait immanquablement donner, etc., tout cela avait conduit, en maintes
circonstances, le brave comte hongrois à réfléchir sur l'état
de choses grandiose de prospérité qu'il lui serait possible de
créer si, au lieu des obstacles qu'on lui suscitait, il pouvait
avoir l'appui d'un grand gouvernement européen. La cohésion dont sa fédération, existant à peine depuis deux années,
avait fait preuve contre les Sakalaves, puis certaines autres
observations de même nature, lui avaient montré chez les tribus
de Madagascar de réelles prédispositions à la discipline politique
et à toutes les autres conditions des peuples civilisés.

Il est tout naturel, dès lors, qu'il ait attaché de l'attention à
une idée que quelques peuplades avaient dû lui suggérer, en
lui demandant à diverses reprises d'être leur chef, et qu'une
légende répandue sur son compte depuis la défaite des Sakalaves, pouvait rendre aisément réalisable. D'après cette légende,

il était le dernier survivant de la famille des Ramini qui de
tout temps avait fourni les « ampansacabé » ou chefs suprêmes
de l'île ; et sa mère était la dernière princesse de cette famille,
laquelle, une soixantaine d'années auparavant, avait été emme-
née toute jeune à l'île de France, où elle l'avait eu. Bényowksy
parlait du reste la langue de l'île avec une telle aisance, que les
indigènes le considéraient comme un des leurs, seulement un
des leurs d'une essence élevée et de beaucoup supérieure.

L'idée dont nous voulons parler consistait pour Bényowsky à
se faire nommer chef de Madagascar, à y établir un gouvernement
se rapprochant de ceux d'Europe, à se placer sous la suzeraineté
de la France ou de toute autre puissance, et à créer entre les
deux pays un vaste courant d'échange et d'émigration devant
faire à la fois la fortune de l'un et de l'autre.

Le dessein était des plus aventureux. Mais, de plus en plus
fatigué des menées de l'île de France, Bényowsky avait fini par
s'y ranger. Néanmoins, avant de rien faire dans ce sens, par un
scrupule dont on doit lui savoir gré, il voulut régulariser sa position vis-à-vis de la France, afin d'éviter tout soupçon de félonie.
On était en septembre 1776, à l'époque où, chaque année, les
commissaires-contrôleurs envoyés par l'île de France venaient
vérifier l'état financier et commercial de l'établissement. Quand
les commissaires eurent examiné les comptes et officiellement
reconnu qu'ils se soldaient par un profit de plus de 450,000 livres,
sans parler des marchandises qui étaient en magasins, Bényowsky leur demanda un certificat attestant la parfaite régularité de
sa gestion ; puis il leur donna sa démission de « gouverneur pour
le roi de France des établissements de la baie d'Antongil ».

Ce fut seulement après l'accomplissement de ces formalités,
et à partir de ce moment, que Bényowsky, se tournant vers les
indigènes, accepta leurs propositions. Sur l'initiative de plusieurs tribus importantes, une grande assemblée (*cabarre*,
comme on écrivait du temps de Bényowsky, ou *kabar*, comme
on dit aujourd'hui) fut convoquée ; on y vint de toutes les
parties de l'île ; et après les cérémonies traditionnelles, dont
aucune ne fut omise, Bényowsky fut reconnu et proclamé
« ampansacabé », en d'autres termes, chef suprême.

Dans une autre assemblée, qui se tint quelques jours après sur la demande de Bényowsky, il fit agréer la constitution d'un « Conseil suprême » de trente-deux membres et d'un « Conseil permanent » de dix-huit membres; Conseils avec le concours desquels il entendait exercer le gouvernement. Pour le premier, douze membres furent nommés séance tenante (quatre Européens et huit naturels); « la nomination des vingt autres fut différée pour donner de l'emploi aux Européens qui pouvoient arriver et à ceux des naturels en qui se développeroient des talents ». On ne nomma, pour la même cause, que huit membres du conseil permanent, dont deux Européens et six naturels.

Une fois ces dispositions approuvées, Bényowsky fit part à la réunion de son intention de se rendre en Europe pour y contracter une alliance. Mais on reçut avec les plus grandes répugnances son projet de départ, et l'on n'y consentit que sur sa promesse qu'il reviendrait, que ses négociations fussent ou non couronnées de succès. On était à la fin de novembre 1776. Le 15 décembre suivant, Bényowsky mettait à la voile pour la France.

Bényowsky s'était embarqué plein de confiance. Il n'y avait pas un doute pour lui qu'à Paris on ne fît le meilleur accueil à ses propositions, lesquelles mettraient la France en possession complète de Madagascar, et cela dans une forme qui nous aurait laissé tous les profits sans un seul embarras. Malheureusement, il arrivait précédé par les rapports mensongers et les dénonciations les plus outrageantes des gouverneurs de l'île de France et de Bourbon.

Quand il se présenta, on ne commença pas seulement par traiter de fables les résultats qu'il affirmait avoir obtenus près des naturels; on l'accusa d'avoir commis des malversations dans l'administration de l'établissement de Louisbourg. Au lieu de se laisser intimider par ces accusations, dont il devinait la source, Bényowsky contraignit le ministre à ordonner une enquête, et celle-ci fut tellement à son avantage que, pour le laver de tout soupçon et honorer publiquement ses services rendus, le gouvernement fut obligé de lui faire don d'une épée d'honneur.

Cette question vidée, ce qui demanda du temps, car l'enquête avait été faite sur les lieux, Bényowsky aborda l'idée d'un rattachement de Madagascar à la France, de la façon que l'on vient de voir. Mais, sur ce point, il se heurta aux fins de non-recevoir les plus absolues. Les bureaux étaient-ils encore aux mains des traîtres qui firent périr Dupleix de misère, qui laissèrent, contrairement aux ordres du roi, le marquis de Montcalm sans secours, et qui présidèrent enfin à l'odieux traité de 1753? Ou bien ceux qui furent chargés d'étudier les propositions de Bényowsky étaient-ils à la solde de l'île de France et de Bourbon? Il serait difficile de le dire. Ce qui est certain, toutefois, c'est que l'oreille du ministère fut systématiquement fermée à tout ce que Bényowsky proposa. On poussa même les choses, tant le parti pris était manifeste, jusqu'à lui refuser d'agir à un titre quelconque au nom du roi de France à Madagascar.

On devine ce qui dut forcément se passer dans l'âme de ce grand homme d'action, dont Leguevel de Lacombe, dans le voyage qu'il fit à Madagascar, de 1822 à 1825, retrouvait le souvenir chez la plupart des tribus qu'il visita. Il était peu supposable que les résistances obstinées d'une bureaucratie routinière ou malveillante fussent de nature à l'arrêter dans ses desseins. La France ne voulant rien faire, il porta ses offres à l'Autriche, son pays d'origine, puis à l'Angleterre. Mais, en les acceptant, ces deux puissances auraient craint de s'attirer les protestations de la France, dont les droits sur Madagascar ne pouvaient être ignorés. Enfin, après avoir vainement postulé en Europe plus de sept années, sur le conseil de Franklin alors à Paris, et dont il était l'ami, Bényowsky s'embarqua pour les États-Unis. Une grande maison de Baltimore lui fournit un vaisseau chargé de marchandises; et le 25 octobre 1784 il quittait cette ville pour Madagascar, où il débarquait en face de Nossi-Bé, sur la côte de l'île, opposée à celle de Louisbourg.

C'était la huitième année de son absence. Bényowsky n'en fut pas moins reconnu sur-le-champ par les naturels du littoral, qui lui firent une réception des plus enthousiastes. Et son passage à travers l'île pour se rendre à la baie d'Antongil ne fut pour lui qu'une ovation continue.

Qu'arriva-il ensuite? Le peu qu'on sache, c'est que, dans le travail de réorganisation auquel il se livra, un conflit survint entre lui et le directeur d'un magasin de riz situé sur la côte et appartenant à l'île de France. La cause de ce conflit a été peu éclaircie. On connaît trop cependant les passions dont l'île de France et Bourbon étaient animées à l'égard de Bényowsky, pour supposer que la faute puisse en être imputée *à priori* au comte hongrois. Mais ce que l'on sait bien, c'est que soixante hommes du régiment de Pondichéry, alors à l'île de France, furent envoyés contre lui, et que dans une rencontre où il n'était accompagné que de trois Européens, Bényowsky, attaqué, fut tué d'un coup de fusil (23 mai 1786). Il y avait un peu plus d'un an qu'il était de retour.

Ainsi périt misérablement une des plus singulières figures, et, qui sait? peut-être un des grands caractères du xviiie siècle. Dans tout autre pays que la France d'alors, on aurait été heureux d'utiliser ses services. Mais nos bureaux, soit à Paris, soit à l'île de France, ne surent que lui créer des difficultés et tout faire au monde pour le décourager ; et comme en fin de compte on ne le décourageait point, on le tua.

Bényowsky mort, certains planteurs et traitants de l'île de France pouvaient dormir tranquilles. Ils n'avaient plus à craindre qu'on leur fît concurrence sur la grande terre ou qu'on leur imposât des droits pour y commercer. Ils pouvaient également dormir tranquilles, les administrateurs de cette île. Avec la disparition de Bényowsky, ils étaient sûrs que Madagascar ne prendrait pas assez d'importance pour que l'île de France et Bourbon devinssent ses satellites.

Bényowsky avait possédé, à la suprême puissance, les talents, l'esprit et les capacités dont, au siècle précédent, Lacase et Montdevergue n'avaient eu que des parcelles, et sans lesquels, alors, — car depuis la Révolution les conditions sont du tout au tout changées, — la colonisation de Madagascar ne pouvait être qu'un problème insoluble.

A quelques années de là, en abolissant le domaine du roi et ce qu'on appelait le « privilège du commerce », la Révolution vint par cela même détruire dans sa cause l'antagonisme que

Bényowsky et Maudave avaient rencontré à l'île de France
et à Bourbon.

Mais l'idée de la colonisation de Madagascar n'en continuait
pas moins à préoccuper nos hommes politiques. Il n'y a donc rien
d'étonnant à ce qu'à la fin de 1791, en nommant Lescalier com-
missaire civil des colonies françaises au delà du cap de Bonne-
Espérance, le ministre lui demandât spécialement d'étudier à
fond cette question. En 1801, une mission semblable fut donnée
à Bory-Saint-Vincent, par l'administration de l'île de France.
Mais l'état de guerre où nous vivions ne permettait guère d'entreprendre quelque chose de sérieux.

L'occupation de Madagascar se faisait, du reste, spontanément par les habitants de l'île de France et de Bourbon, dont
un grand nombre allaient y fonder des comptoirs et y créer des
plantations. En 1804, ces comptoirs étaient assez nombreux
pour que l'admirable général Decaen, alors gouverneur de l'île
de France, crût nécessaire de les ériger en une sorte de sous-
gouvernement, avec Tamatave pour chef-lieu. Sylvain Roux,
dont nous aurons à parler en 1819, fut mis à la tête avec le
titre d'agent commercial.

En 1811, après la reddition de l'île de France, Sylvain Roux
fut à son tour obligé de capituler. Mais après cette capitulation,
les Anglais n'occupèrent aucun point du littoral; ils se conten-
tèrent de détruire les forts que nous y avions.

Telle est, en résumé, l'histoire de nos essais de colonisation
à Madagascar, jusqu'au commencement de ce siècle. Telles sont
les raisons d'ordre divers qui nous empêchèrent, jusqu'à cette
capitulation de Tamatave en 1811, de faire de Madagascar une
colonie effective de la France, où tous nos nationaux auraient
pu librement se transporter.

CHAPITRE VII

En 1816, l'Angleterre revendique Madagascar, mais elle est forcée de reconnaître que cette île est la propriété de la France.

Ces détails historiques pourraient peut-être, à la rigueur, paraître superflus. Mais nous croyons que les hommes qui comprennent la nécessité, en politique, de remonter aux sources, ne seront point sans leur reconnaître une certaine valeur. Car ce retour en arrière restitue à la question de Madagascar le caractère national que le public semble peu porté à lui accorder, et il empêche qu'on ne la regarde du même œil que toute autre question de politique coloniale née d'hier ou d'aujourd'hui. Mais il est une raison qui constitue, à notre avis, le principal intérêt de cette vue d'histoire : c'est qu'elle établit d'une façon souveraine l'origine et le bien fondé de nos droits sur Madagascar.

Après ce qui précède, il est effectivement indiscutable pour tous qu'à la fin du siècle dernier, et jusqu'à la capitulation de 1811, Madagascar, de par le « droit des gens » qui réglait la possession des territoires vierges de l'Amérique, de l'Afrique et des Indes, était une contrée appartenant en toute souveraineté à notre pays.

Un document officiel emprunté à l'Angleterre et des négociations qui eurent lieu entre ce pays et la France, au sujet de Madagascar, vont d'ailleurs montrer qu'au commencement de ce siècle les Anglais reconnaissaient eux-mêmes nos droits sur cette contrée, tant ces droits étaient bien établis.

A la paix de 1815, en effet, sir Robert Farquhar, gouverneur anglais de cette île de France dont les traités venaient de nous

4

dépouiller en faveur de l'Angleterre, et que nous désignerons désormais sous le nom de « Maurice », sur la foi que les mêmes traités cédaient également Madagascar à son pays, s'était empressé de faire occuper militairement Tamatave et Foulepointe, revendiquant pour l'Angleterre tous les anciens droits dont la France y jouissait précédemment.

Voici ce que, dans les premiers mois de 1816, il écrivait à ce propos au gouverneur français de Bourbon, aujourd'hui « la Réunion » :

« Par dépêche de Sa Majesté Britannique en date du 2 novembre 1815, dit-il, il m'est ordonné de regarder l'île de Madagascar comme ayant été cédée à la Grande-Bretagne sous la dénomination générale de *dépendances de l'île de France*. Il m'est également enjoint de maintenir et réserver pour l'Angleterre *l'exercice exclusif de tous les droits dont la France y jouissait autrefois*... Dans le cas donc où la colonie de Bourbon aurait, ou craindrait d'avoir, besoin des approvisionnements que l'on a tirés jusqu'à ce jour de Madagascar, et où son gouvernement le demanderait à celui de « Maurice », le gouvernement de l'île Maurice doit se considérer comme autorisé à accorder des licences aux navires français, pour qu'un commerce soit établi entre Bourbon et certains points de Madagascar. »

Les termes de ce document, on le voit, ne sauraient être plus explicites.

Pour prétendre que les traités de 1815 cédaient Madagascar au Royaume-Uni, le ministère anglais s'était fondé sur une interprétation inacceptable de l'article 8 du traité de Paris, article ainsi conçu :

ART. 8. — Sa Majesté Britannique, stipulant pour elle et pour ses alliés, s'engage à restituer à Sa Majesté Très Chrétienne, dans les délais qui seront ci-après fixés, les colonies, pêcheries, comptoirs et établissements de tous genres que la France possédait au 1er janvier 1792 dans les mers et sur les continents de l'Amérique, de l'Afrique et de l'Asie, à l'exception toutefois des îles de Tabago et de Sainte-Lucie et de l'île de France *et de ses dépendances*; nommément Rodrigues et les Seychelles, lesquelles Sa Majesté Très Chrétienne cède en toute propriété et souveraineté à Sa Majesté Britannique.

On serait fort embarrassé de trouver dans cet article une mention quelconque de Madagascar. Aussi était-ce parmi les *dépendances* non désignées de l'île de France que le ministère britannique avait jugé bon de la ranger, pour se l'attribuer.

Il n'était guère admissible que les plénipotentiaires qui avaient pris la peine de nommer en toutes lettres les Seychelles et Rodrigues, eussent eu l'intention de nous ôter Madagascar sans le dire positivement. Cela tombait tellement sous le sens, qu'aux premières réclamations de notre cabinet, le gouvernement de la Grande-Bretagne dut en convenir, et qu'à la fin de 1816, il nous avisait que, par dépêche du 18 octobre de la même année, il ordonnait à sir Robert Farquhar de remettre à l'administration de Bourbon les anciens établissements français de Madagascar, et de retirer de Tamatave et de Foulepointe leur garnison britannique.

L'évacuation eut effectivement lieu, et dès le mois de mars 1817, et dans le courant de 1818, les vaisseaux de la France visitaient tous les points importants de la côte, y faisant acte de possession et de souveraineté.

Une chose ressortait de ce différend si promptement tranché avec l'Angleterre : c'est que nos droits sur Madagascar, qui reposaient antérieurement sur le droit des gens, se trouvaient, de l'aveu du gouvernement britannique, implicitement reconnus par les traités de 1815 et fortifiés en conséquence de la consécration du droit européen.

Or, depuis 1815, rien n'est venu, en quoi que ce soit, infirmer nos droits sur Madagascar. Tels ils étaient alors, tels ils sont restés. Et si nous sommes encore à les faire valoir, la cause en est, partie au peu d'efforts que nos gouvernements ont faits à cet égard, mais beaucoup surtout aux difficultés que l'Angleterre nous y a plus ou moins indirectement suscitées.

Par sa dépêche du 18 octobre 1816, nous recevions de l'Angleterre une satisfaction aussi complète qu'on la pouvait désirer. Tout, par conséquent, aurait permis de supposer qu'entre elle et nous la question de Madagascar était complètement vidée. Mais il aurait fallu compter sans la haine passée à l'état d'instinct que l'Angleterre éprouvait alors pour la France, et dont elle n'a malheureusement pas encore su se dépouiller tout à fait.

Cette satisfaction devait au contraire simplement signifier

pour le ministère britannique, que les Anglais renonçaient à s'approprier Madagascar par une interprétation léonine des traités de 1815, mais qu'ils n'étaient nullement décidés à ne pas employer d'autres moyens pour y arriver.

Dans cette dépêche, le ministère anglais ajoutait-il quelque instruction secrète, enjoignant à sir Robert Farquhar de faire tout au monde afin de nous rendre l'occupation de Madagascar impossible et pour que cette île passât sous la domination de la Grande-Bretagne? Ou bien est-ce de sa propre initiative que le gouverneur de Maurice entreprit une politique de ce genre, politique qu'il aurait fait ensuite admettre par son gouvernement? Les archives du « Foreign Office » pourraient seules nous renseigner à ce sujet.

Une chose certaine, c'est que, dans tout ce qu'il a fait contre nous à Madagascar, Farquhar n'a jamais été désavoué par son ministre, et qu'à partir de 1817, dès le lendemain même du jour où on lui ordonnait d'évacuer nos anciens établissements, il se mettait à l'œuvre dans le double but d'empêcher la France d'exercer ses droits à Madagascar et de faire que l'Angleterre, qui n'avait aucun droit sur la contrée, pût parvenir un jour à nous y supplanter.

Farquhar, nous le montrerons dans la deuxième partie de notre travail, dépensa à cette besogne une telle fécondité de ressources et une ténacité frisant si bien le génie, que peu s'en est fallu qu'il ne réussît.

C'est à Farquhar que Madagascar est redevable du cercle inouï d'épreuves et de misères dans lequel elle se débat depuis soixante-dix ans, et dont il s'agit actuellement de la faire sortir. C'est aux obstacles accumulés par lui contre la France que toutes nos tentatives d'occupation, dans le cours du XIXe siècle, doivent d'avoir échoué. Et c'est l'état de choses tout artificiel qu'il a créé sur le moment, avec le dessein de réaliser sa politique personnelle ou celle de son ministre, qui sert encore de nos jours au gouvernement anglais pour nous contrecarrer.

Bien qu'il soit mort depuis près de cinquante années, on pourrait presque dire que c'est toujours contre Robert Farquhar que nous luttons aujourd'hui.

DEUXIÈME PARTIE

MADAGASCAR DE 1816 A 1845

CHAPITRE PREMIER

Sir Robert Farquhar. — Les Hovas. — Radama. — Ambassade envoyée par
Farquhar à Radama. — Jean René. — Hastie. — Traité passé entre
Radama et le gouverneur anglais de Maurice.

Quand on a vu l'Angleterre s'incliner, comme nous l'avons
montré en 1816, devant le bien fondé de nos droits sur Madagascar, on se demande avec curiosité de quels moyens elle a bien
pu se servir pour nous empêcher, au XIXe siècle, de nous établir
dans cette île, et surtout pour arriver à s'y substituer en quelque
sorte complètement à nous.

Telle est la question que le développement naturel de cette
étude nous amène maintenant à traiter. Que nos lecteurs toutefois se tranquillisent si nous leur paraissions à première vue nous
étendre un peu trop. Il n'y a pas un des détails que nous allons
avoir à donner qu'ils ne regarderont eux-mêmes, à la fin,
comme ayant été absolument nécessaire. La question de Madagascar est d'un ordre si simple, que c'est seulement en effet,
en sachant ce que les Anglais y ont fait à partir de 1817, qu'il
est possible de se former une idée juste de la situation contre
laquelle nous luttons en ce moment, et qu'on peut se définir la
conduite que la France doit tenir dans les circonstances actuelles,
si nous voulons obtenir des résultats durables et sérieux.

Il est clair comme le jour, avec des droits aussi fortement
établis que les nôtres et quand ils venaient eux-mêmes de les
reconnaître, que ce ne devait pas être une affaire facile pour
les Anglais d'entreprendre de nous disputer Madagascar, étant

donné surtout qu'ils ne voulaient pas aller jusqu'à la guerre. Sans parler d'un remarquable manque de scrupules, il leur fallait une rare audace, une habileté peu commune, puis compter sur un bonheur inouï. Mais ce qu'il leur fallait avant tout, c'étaient des agents qui fussent à la hauteur d'une pareille tâche ; car, dans des affaires aussi scabreuses, concevoir n'est rien, si l'on ne possède pas en même temps des hommes de taille à les bien conduire et à les faire aboutir. Eh bien ! comme on va le voir, l'Angleterre a eu tout cela avec Robert Farquhar, son gouverneur de Maurice. A lui seul, cet homme a tout fait et pourvu à tout. C'est au point que si l'on appréciait le mérite d'un individu à ses actes, sans se préoccuper de leur degré de moralité, l'ancien gouverneur de Maurice devrait être considéré comme une des rares intelligences de ce siècle.

Mais nous devons dire tout d'abord qu'il ne faudrait pas envisager sa conduite au point de vue des procédés ordinaires de la diplomatie ; autrement on se croirait en pur roman, tant la réalité en est bannie, tant y est grande la part de son invention et de sa propre création.

Robert Farquhar commença effectivement par se faire une idée à lui au sujet de Madagascar, idée à laquelle certainement personne ne se serait jamais avisé de songer, et qu'il entendait prendre pour principe de ses actes. Elle consistait à partir de cette doctrine que Madagascar était un pays indépendant, à la liberté duquel aucune puissance n'avait le droit d'attenter. On voit du premier coup la portée d'une pareille idée. Non seulement, avec elle, tous les droits de la France étaient niés *de plano,* mais une porte était ouverte à l'Angleterre, puisque, sous prétexte de protéger Madagascar contre toute nation voulant l'occuper, les Anglais avaient la possibilité de s'y introduire et, avec du savoir-faire, de s'en emparer.

Ainsi, tant que Farquhar avait cru Madagascar une dépendance de l'île de France visée par l'article 8 du traité de Paris, Madagascar était une possession anglaise sur laquelle l'empire britannique entendait maintenir jusqu'à la dernière parcelle des droits que la France y avait eus auparavant. Mais, du moment où elle appartenait à la France, oh ! alors, elle ne constituait plus qu'un territoire indépendant sur lequel aucun peuple ne pouvait élever de prétention.

Dans l'état universellement connu de Madagascar, partagée entre une trentaine de peuplades distinctes plus ou moins ennemies les unes des autres et sans organisation, oser considérer cette île comme une unité politique, libre, consciente, c'était faire preuve d'une véritable puissance d'imagination. Sous peine de passer cependant pour atteint de folie, il n'était possible de baser une action politique sur une théorie semblable qu'à la condition de la justifier dans une certaine mesure, c'est-à-dire de l'entourer d'un certain nombre de faits, d'apparence positive, susceptibles de lui donner un semblant de vérité. Or, et c'est principalement en cela qu'éclata le génie de Farquhar, ces faits, dont le monde ambiant n'offrait pas la plus légère trace, et dont il n'était pas permis à sa thèse de se passer, ces faits il les créa de toutes pièces avec les Hovas.

Quand on consulte le peu que l'on sait de l'histoire de Madagascar avant sa découverte, une chose en appert : c'est que cette île a été, depuis les temps les plus reculés, le théâtre de nombreuses révolutions politiques. Les vingt-cinq ou trente peuplades entre lesquelles se répartit son territoire sont-elles de même race? Les ethnographes ont démontré que non. Ce que l'on sait néanmoins, c'est qu'elles ont toutes la même langue, des mœurs très sensiblement semblables, et que toutes se donnent le nom de « Malagasy », d'où celui de « Malgaches ». On ne voit nulle part qu'il ait jamais existé entre ces peuplades une confédération bien définie, quoique le titre d'Ampansacabé, que nous avons vu avec Bényowsky, puisse faire croire le contraire. Il est certain toutefois qu'une peuplade avait généralement la suprématie sur les autres, suprématie fondée sur la force. Au commencement de ce siècle, cette suprématie appartenait aux Sakalaves.

Dans ces révolutions politiques, une tribu paraît avoir été particulièrement éprouvée, car on la trouve pendant des siècles au ban du reste de l'île. Venue, voici 3 ou 400 ans, de la Malaisie, elle avait été refoulée des côtes dans l'intérieur et finalement s'était fixée dans une province montagneuse du centre, dont le terrain était relativement beaucoup moins fertile qu'ailleurs et à laquelle elle donna son nom, « Ankova » — *An Hova*, « là le pays des Hovas ».

Ces Hovas avaient-ils un fonds d'intelligence plus puissant que les autres nations de l'île? N'est-il pas plutôt supposable qu'en raison de leurs malheurs et du mépris plusieurs fois séculaire où ils avaient vécu, l'état défensif auquel les circonstances les condamnaient depuis des siècles les avait rendus plus aptes que les autres à la discipline? Les montagnes qu'ils habitaient, et dont le climat est absolument semblable à celui de la France, avaient-elles fini par donner à leur esprit une trempe plus solide qu'aux autres Malgaches vivant sous la chaleur torride des côtes? A toutes ces questions, il serait assez malaisé de répondre. On sait seulement que, sur le littoral, les Hovas souffrent au même degré que les Européens des fièvres paludéennes. Quoi qu'il en soit, à la fin du siècle dernier, les Hovas formaient sur le plateau intérieur une douzaine de petites tribus rarement en paix les unes avec les autres, mais qu'à la suite de guerres heureuses, un de leurs chefs, du nom d' « Andrianampouine », qui régnait sur le district d'Imerne, ou plus communément d'Emyrne, était parvenu à réunir sous son commandement. Cet Andrianampouine a été le fondateur de la dynastie actuelle des Hovas. A sa mort, en 1810, il avait laissé le sceptre à l'un de ses fils, que l'histoire de Madagascar a enregistré sous le nom de Radama Ier.

Eh bien! c'est ce Radama, dont personne n'avait jamais entendu parler et dont l'existence n'avait probablement été révélée à Farquhar que par les marchands d'esclaves de Maurice allant faire des achats dans Ankova, c'est ce Radama, disons-nous, sur lequel le gouverneur de Maurice jeta les yeux avec l'intention d'en faire le pivot principal de sa politique.

Étant donné le plan qu'il s'était proposé, Farquhar avait senti de suite qu'il lui fallait avant tout un chef de tribu quelconque, qu'il pût sacrer et reconnaître comme roi de toute l'île de Madagascar. Pas n'est besoin d'expliquer l'intérêt de Farquhar à ce que l'île entière fût plus ou moins fictivement soumise à un seul chef. Du moment en effet qu'il existerait un « roi de Madagascar », il allait de soi que l'Angleterre en pouvait faire un allié, l'opposer à la France, l'appuyer plus ou moins ostensiblement contre elle. Et comme ce roi devait être forcément dans l'impossibilité de soutenir par lui-même son personnage de roi de Madagascar, rien dès lors ne devait être facile à la Grande-Bretagne, comme d'avoir une grande influence sur lui, et par son entremise, d'établir le protectorat anglais dans l'île.

Mais Radama, à qui Farquhar songeait comme roi de Madagascar, était-il capable, même avec l'appui de l'Angleterre, du rôle qu'on projetait pour lui, et, d'autre part, y consentirait-il? Voilà ce dont il importait de s'assurer au plus tôt, afin que, dans le cas contraire, on pût se pourvoir ailleurs. Quelques semaines s'étaient donc à peine écoulées depuis que les anciens établissements français de Tamatave et de Foulpointe avaient dû être évacués, que Farquhar envoyait à Madagascar un de ses lieutenants de Maurice, le capitaine Lesage, avec mission de pénétrer jusqu'à Radama et de tout voir par ses yeux.

Il n'existait à cette époque qu'un seul chemin frayé allant du littoral à Tananarive, chef-lieu du district d'Emyrne et capitale de Radama. Ce chemin aboutissait à Tamatave. Lesage se rend dans cette dernière ville, où régnait sur les indigènes un mulâtre français, ancien interprète de Sylvain Roux, et qui, à l'exemple des Lacase, des Labigorne et des Bényowsky, était devenu roi. Il s'appelait Jean René. Jean René, ne se doutant de rien et croyant à un voyage d'exploration scientifique, fit le meilleur accueil à Lesage et lui donna toutes les facilités dont il avait besoin pour arriver sans encombre à destination.

Au cas où les choses seraient comme le souhaitait Farquhar, Lesage avait ordre de préparer Radama à l'idée d'un traité avec l'Angleterre et de le décider en outre à s'emparer d'un point de la côte, par lequel les Anglais pussent à l'occasion correspondre directement avec lui.

Les présents emportés par Lesage avaient été choisis de manière à éblouir un chef de sauvages. Aussi Radama enivré, le reçut-il avec les plus vives démonstrations d'amitié. Comme on devait s'y attendre, l'entente ne fut pas longue à s'établir entre eux. Toutefois leur confiance mutuelle était de telle sorte qu'en échange de deux sergents instructeurs que l'envoyé de Farquhar lui laissa pour lui donner des conseils sur l'organisation de ses troupes, Radama dut « confier » ses deux frères à Lesage, dans le but de « leur faire visiter Maurice ».

Avant de se séparer, ils convinrent qu'à quelques mois de là, Radama envahirait les États de Jean René et se porterait sur Tamatave. Lesage avait promis le concours des Anglais pour la réussite de l'expédition. A la date fixée, en effet, au moment même où, sans déclaration de guerre, Jean René était attaqué par les Hovas, un bâtiment de la marine britannique débarquait plusieurs officiers anglais à Tamatave, et le pauvre roi, tout déconcerté, était amené par les « conseils désintéressés » de ces derniers à se reconnaître le vassal de Radama. Récompense bien peu méritée par le trop confiant Jean René, qui avait favorisé jusque-là les Anglais en toutes circonstances, et sans lequel ils n'auraient jamais pu s'aboucher avec les Hovas. Mais, pour le gouverneur de Maurice, il y avait sur la côte un port qui lui permettait d'être en communication avec Radama.

Ce concours indirect était évidemment la preuve que les rapports de Lesage avaient pleinement satisfait Farquhar. Mais on en est surtout convaincu avec l'ambassade que, deux mois à peine après cette expédition, le gouverneur de Maurice envoyait au roi des Hovas. A la tête de cette ambassade, il avait mis un ancien sergent de l'armée des Indes, James Hastie, homme d'intrigue, de ressources et d'une supériorité extraordinaire dans l'art de capter l'esprit inculte de peuplades barbares ou à moitié sauvages. On aura idée de sa capacité en sachant qu'en plusieurs circonstances la Compagnie des Indes, qui se connaissait si bien en hommes, l'avait employé comme espion de confiance. En ce qui regarde le gouverneur de Maurice, Hastie fut à Madagascar un lieutenant inappréciable, et l'on peut affirmer que, sans lui, Farquhar, en dépit de toutes ses qualités personnelles, n'aurait certainement pas aussi pleinement réussi.

Pourvu de cadeaux de toutes sortes et ramenant avec lui les deux frères de Radama dont on avait tout fait à Maurice pour frapper l'imagination, Hastie emportait un projet de traité qu'il était chargé de faire accepter au chef des Hovas. Les intentions secrètes de ce. traité étaient habilement dissimulées sous un prétexte de philanthropie et d'humanitarisme. Il n'y était question que de la traite des esclaves, que Radama devait s'engager d'interdire toutes les fois qu'il s'agirait d'esclaves devant être exportés de Madagascar pour être vendus au dehors. Mais dans ce traité, Radama recevait le titre de « roi de Madagascar et de ses dépendances ». Et comme on reconnaissait que cette interdiction du commerce des esclaves devait entraîner des pertes pour lui, il était spécifié qu'en vue de l'indemniser, chaque année le gouverneur de Maurice donnerait à Radama 1,000 dollars en or, 1,000 dollars en argent, 10,000 livres de poudre, 100 mousquets, 10,000 pierres à fusil, des uniformes pour 400 hommes, 12 sabres de sergent, un certain nombre de pièces de toile et un habit complet d'uniforme de général, — avec chapeau et bottes, fait spécialement pour lui, plus deux chevaux. Seulement, il était arrêté que la livraison de ces différents objets aurait lieu sur le certificat de l'agent britannique résidant à la cour de Radama, certificat attestant que la traite sus-mentionnée aurait été positivement prohibée.

Telles étaient les dispositions de ce traité. On comprend sans peine que Radama y souscrivit des deux mains. Ainsi, Radama, qui ne possédait pas la quarantième partie de Madagascar, était qualifié de « roi de Madagascar et de ses dépendances », et l'Angleterre, à qui le droit des gens interdisait de s'immiscer dans les affaires de ce pays, pouvait y entretenir un résident.

Le roman de Farquhar, on le voit, commençait à prendre un certain corps. Il avait son roi, non seulement de toute l'île de Madagascar, mais encore de ses dépendances ; des relations étaient établies entre ce roi et l'Angleterre ; l'Angleterre pouvait avoir auprès de lui un résident.

Le traité fut signé le 17 octobre 1817, neuf mois après que Farquhar avait été informé que, sur les réclamations de la France, l'Angleterre renonçait à ses prétentions sur Madagascar.

On conviendra que si Farquhar était un diplomate d'imagination, il ne manquait pas de sens pratique, et surtout qu'il ne perdait pas son temps en chemin.

Cependant, quels que fussent les résultats acquis, ils n'étaient encore que conditionnels et préparatoires. En premier lieu, le traité passé avec Radama était sans valeur diplomatique, puisque le gouverneur de Maurice, faute de pouvoirs, ne l'avait contracté qu'en son nom personnel sans engager son gouvernement. Mais ce n'était pas tout. Il y avait le point essentiel : mettre Radama en mesure de soutenir son titre de roi de Madagascar. Avant de rien faire de plus, il était donc indispensable pour Farquhar de se concerter avec le *Foreign Office*. C'est ce qui explique qu'ayant à peine en main le traité en question, avec les renseignements complémentaires rapportés par Hastie, nous le voyons s'embarquer pour Londres, laissant au général Hall l'intérim du gouvernement de Maurice.

Durant cet intérim, qui se prolongea près de deux années, toutes relations cessèrent entre les Hovas et Maurice.

Dans le courant de 1818, on voit seulement Radama, qui avait fidèlement rempli les engagements du traité, demander au gouverneur de Maurice de tenir les siens. Mais est-ce parce qu'il n'était pas au courant de l'intrigue? serait-ce au contraire qu'il se croyait astreint à une loyauté internationale dont Farquhar ne paraissait guère avoir le sens? toujours est-il que le général Hall, comme gouverneur intérimaire, reçut les réclamations du chef hova avec une hauteur insultante et qu'il se refusa à rien donner des dollars, des armes ou des autres objets convenus. Radama fut outré de ce manquement à la parole donnée et il en garda toute sa vie de la défiance contre les Anglais.

CHAPITRE II

Tandis que cette machination se tramait secrètement entre
Radama, Farquhar et le ministère britannique, — car il n'est pas
douteux que ce dernier était complice de son agent de Maurice,
— on se demande naturellement ce que nous faisions et si nous
en étions quelque peu renseignés.

En France, on ignorait tout. Madagascar, du reste, on doit le
dire, était bien oubliée.

Les quinze années de guerre du premier Empire, la trans-
formation radicale qu'avait subie notre société depuis la Révolution, l'organisation de l'an VIII qui étreignait la France,
nos dissensions intérieures qui avaient repris avec la Restauration, tout cela avait contribué à éteindre chez nous le besoin
d'expansion coloniale qui nous avait conduits jadis à Madagascar et ailleurs. Aussi personne ne pensait-il à la grande île
malgache. Il n'en était question que dans les bureaux de la
marine, et encore n'en était-il question que pour un objet qui
n'avait rien à voir avec la colonisation proprement dite : c'était
dans le but d'y trouver un port pour nos flottes, attendu qu'en
attribuant à l'Angleterre les Seychelles, Rodrigue et l'île de
France, les traités de 1815 nous avaient dépouillés de tous ceux
que nous avions dans la mer des Indes. (On sait que les côtes

de Bourbon n'en présentent aucun.) A cet effet, sur l'ordre de notre ministère de la marine, de nombreux voyages d'exploration avaient été entrepris durant les années 1817, 1818, 1819, sur tout le littoral de Madagascar. On y cherchait un emplacement pouvant remplir les conditions désirables. Mais on était presque arrivé à la fin de 1819 sans que, parmi tous les emplacements signalés, on eût fait un choix définitif.

C'est probablement là qu'est la cause de la prolongation exagérée du séjour de Farquhar à Londres. Le ministère anglais ne se proposait évidemment de le lâcher contre nous, à Madagascar, qu'au cas où nous ferions mine d'y vouloir mettre le pied.

Un fait qui autorise cette conjecture : c'est qu'à la fin de 1819, notre Conseil d'amirauté s'étant prononcé pour l'occupation de l'île Sainte-Marie afin d'en faire, avec la baie de Tintingue située en face, le port de notre station navale dans la mer des Indes, Farquhar était de suite appelé au Foreign-Office, et qu'avec l'ordre de regagner immédiatement son poste, on lui donnait tous les pouvoirs nécessaires pour traiter avec Radama au nom de l'Angleterre et pour s'opposer, sous le couvert des Hovas, à tout ce que nous voudrions entreprendre à Madagascar.

Après plus de deux années d'absence, Farquhar quitta donc Londres dans les premiers mois de 1820. Et la semaine même de son arrivée à Maurice, il s'empressait de reprendre son œuvre au point où il l'avait laissée à la fin de 1817.

Avant tout, il y avait à refaire le traité d'octobre 1817, dont la Grande-Bretagne devait être maintenant partie contractante. Dans ce but, Hastie est envoyé de nouveau à Tananarive. Radama était loin d'avoir pardonné le peu de cas qu'on avait fait des précédents arrangements. De nombreux présents le calmèrent, et l'ancien traité fut signé de rechef, le 11 octobre 1820. On y ajouta même quelques clauses accessoires, en échange desquelles, par une proclamation « devant être insérée dans la *Mauritius Gazette* », le journal officiel de Maurice, Radama prenait l'engagement d'inviter « toutes les personnes habiles en quelque profession que ce fût » à venir visiter son pays.

Une fois Radama bien lié avec l'Angleterre, Farquhar fit choix d'Hastie comme « agent général de S. M. Britannique à

Madagascar »; puis il s'entendit avec cet agent, qui devait résider d'une façon permanente auprès de Radama, sur ce qu'il fallait faire pour que la tribu des Hovas fût à même de soutenir les guerres dans lesquelles il allait être nécessaire de la lancer.

On jugera par ce qu'Hastie conseilla à Radama, et par les réformes qu'il lui fit apporter dans l'organisation des Hovas, de ce qui dut être alors délibéré entre eux.

Bien que, comme souverain, Radama parût être absolu, on ne pouvait pas mieux comparer son pouvoir qu'à celui de nos rois de la première race. Toutes les affaires importantes du pays devaient être traitées dans de vastes « champs de mai » nommés *Kabars,* auxquels tous les Hovas, sans exception, avaient le droit d'assister; d'autre part, pour tout ce qu'il se proposait d'entreprendre en dehors de l'autorisation des Kabars, Radama était dans l'obligation de tenir un certain compte de l'opinion des grands.

Il est évident qu'en raison de cet assujettissement relatif du roi, il pouvait se produire dans la tribu des courants d'opposition capables à certains moments d'apporter des obstacles à la politique anglaise. En conséquence, sur les conseils d'Hastie, qui ne le quittait pas d'une heure, Radama enleva aux Kabars leurs pouvoirs consultatifs et délibératifs. Il ne les réunit plus désormais que pour leur faire connaître ce qu'il avait personnellement décidé. Quant aux grands, une surveillance des plus actives fut exercée sur eux; et à la moindre marque de tiédeur, de divergence d'opinion ou d'indépendance, ils étaient empoisonnés ou « zagayés ». Cette révolution politique, étant donné que Radama était à l'absolue discrétion d'Hastie, mettait complètement toutes les forces des Hovas à la disposition des Anglais.

Cette question réglée, restait le côté militaire. Au point de vue militaire, les Hovas ne différaient en rien des autres peuplades malgaches; c'est-à-dire que, lorsqu'une guerre était décidée, les guerriers étaient convoqués et l'on partait en cohue. On comprend que de pareilles troupes n'auraient guère tenu devant des soldats d'Europe. Hastie commença par obtenir de Radama de décréter le service obligatoire pour tous les Hovas sans exception. Il en résulta que cette petite peuplade de

600,000 âmes environ devenait susceptible de fournir une
force de quatre-vingts ou cent mille hommes, répartis en une
sorte de « landwehr » et de « landsturm », avec un noyau d'armée
permanente de 20 à 25,000 hommes.

Dans le but de donner à ces soldats une certaine cohésion,
Hastie inventa les *honneurs*, espèce de hiérarchie solide où,
depuis le « premier honneur » équivalant à notre grade de caporal
« jusqu'au treizième honneur » répondant à celui de maréchal,
l'armée était tenue dans des cadres très serrés. Il leur imposa en
outre la tactique des armées européennes, les astreignant à des
exercices répétés et à une discipline sévère. Enfin, il fit promul-
guer par Radama un code militaire d'une dureté extrême, où tout
recul, tout abandon de poste, actes coutumiers aux peuples
barbares, entraînait pour le coupable la condamnation à être
brûlé vif.

Ces mesures eurent pour effet de transformer les Hovas en
une tribu de proie, en un petit peuple de soldats.

Si l'on joint à cette organisation les fusils et les canons
que les Anglais envoyèrent, les idées de stratégie d'ensemble
qu'ils firent adopter, on devine la supériorité que les Hovas
devaient forcément avoir sur les autres Malgaches, entièrement
dépourvus d'organisation, sans tactique, encore aux arcs et à la
zagaie pour tout armement. Il n'est pas douteux, en outre, que
bien dirigés ils pouvaient créer de redoutables embarras aux établissements qu'un pays d'Europe aurait l'idée de fonder à Madagascar.

Dernière précaution enfin. Comme c'était particulièrement
contre la France que, dans l'esprit des Anglais, les Hovas étaient
appelés à se mesurer, afin de dissiper à l'avance leurs craintes,
Hastie s'efforça de faire passer en eux le préjugé que la France
était « tributaire » de l'Angleterre, qu'elle n'avait de vaisseaux
que ceux que l'Angleterre voulait bien nous donner, que nous
étions un peuple dont il n'y avait aucunement à se soucier, que
l'Angleterre n'aurait qu'à froncer le sourcil pour nous faire rentrer de suite dans le néant. Dans son œuvre de calomnies contre
la France, le résident britannique fut merveilleusement secondé
par les missionnaires britanniques emmenés par lui à Tanana-

rive et pour lesquels il avait obtenu, dès le premier jour, le droit d'ouvrir des écoles.

Entre Hastie et le gouverneur de Maurice, il avait été convenu que ce travail d'organisation des Hovas serait poussé avec une célérité extrême. Pour Farquhar il y avait urgence, car il était parti de Londres avec la certitude que les Français débarqueraient à Sainte-Marie dans les premiers mois de 1821.

Telles sont, en traits rapides, les embûches que l'Angleterre nous dressait, à notre insu, à Madagascar. Mais restait à savoir à quoi elles aboutiraient.

Le roman si curieusement imaginé par Farquhar supporterait-il l'épreuve décisive des faits? La Fortune favoriserait-elle assez les combinaisons du gouverneur de Maurice pour que la petite tribu des Hovas, armée et dirigée par lui, fût de force à nous faire échec dans l'île? Nos lecteurs vont être promptement fixés à ce sujet.

CHAPITRE III

Arrivée de notre expédition à Sainte-Marie. — Protestations de Farquhar. — Réoccupation de Fort-Dauphin. — Traités avec les naturels. — Radama s'empare de Foulpointe. — Deuxième traité entre Radama et les Anglais. — Nous sommes expulsés de Fort-Dauphin. — Troisième traité entre Radama et l'Angleterre.

Farquhar eut pour ses préparatifs six mois de plus qu'il n'avait compté. L'expédition envoyée de France pour occuper Sainte-Marie, au lieu de partir en décembre 1821, comme il avait été primitivement convenu, ne partit que le 7 juin suivant.

La direction en avait été donnée à Sylvain Roux, celui-là même que le général Decaen avait nommé agent commercial à Tamatave en 1804. Sylvain Roux avait simplement ordre de s'établir à Sainte-Marie, dont il devait garder le commandement. Ses instructions à l'égard des naturels de la Grande Terre étaient telles que Lacase au XVIIᵉ siècle ou Bényowsky au XVIIIᵉ auraient pu eux-mêmes les dicter. Elles lui ordonnaient, en attendant l'occupation ultérieure de la baie de Tintingue, « de nous concilier par une conduite juste, bienveillante, habile, ferme, l'estime, la confiance et l'amitié des indigènes ». Sylvain Roux s'y conforma assez bien ; mais il est un reproche qu'on lui adressera éternellement, à lui, qui avait habité plus de vingt années les parages de Madagascar et qui, par conséquent, devait en connaître à fond le climat : c'est de s'être embarqué à une époque qui ne lui permettait plus d'arriver à Sainte-Marie qu'au commencement de la mauvaise saison, ce qui devait fatalement condamner les colons et nos malheureux soldats aux fièvres du littoral et à des misères de toutes sortes. Il manquait d'ailleurs des qualités les plus élémentaires de l'administrateur.

L'expédition arriva sans avoir le moindre soupçon de ce qui avait été ourdi contre nous par les Anglais. Mais trois semaines s'étaient à peine écoulées depuis le débarquement, que l'intrigue anglaise, dont nous avons montré plus haut les détails, se démasquait. Une corvette britannique se présentait inopinément devant Sainte-Marie, demandant « officiellement », au nom des autorités du Cap et de Maurice, à quel titre les Français étaient venus s'établir à Sainte-Marie et quelles étaient leurs intentions sur Madagascar.

Sylvain Roux connaissait de trop longue date les droits de la France pour être embarrassé dans sa réponse : elle fut aussi digne et aussi nette qu'elle devait être. Mais Farquhar, au cours des pourparlers qui suivirent, fit déclarer à Sainte-Marie et à Bourbon : 1° qu'il considérait Madagascar « comme une puissance indépendante, actuellement unie au roi d'Angleterre par des traités d'alliance et d'amitié, et sur le territoire de laquelle aucune nation n'avait de droits de propriété, hors ceux que cette puissance serait disposée à admettre » ; 2° « qu'il avait été notifié par cette même puissance au gouvernement de Maurice et au commandant des forces navales britanniques dans ces mers qu'elle ne reconnaissait de droit de propriété sur le territoire de Madagascar à aucune nation européenne ».

Nous laissons à penser la stupéfaction de Sylvain Roux devant ces déclarations, dont le ton était quelque peu comminatoire. Cependant, nous le répétons, comme il était dans une ignorance complète de ce qui s'était passé entre l'Angleterre et les Hovas, qu'il connaissait tout au plus de nom, il se crut là devant une nouvelle chicane analogue à celle de 1816 et qui ne pouvait que se terminer de même. Mais afin de donner à sa réplique la force d'un fait, et pour ne pas perdre son temps à de vaines protestations, il répondit à Farquhar en envoyant au sud de l'île un officier avec une poignée de soldats pour réoccuper Fort-Dauphin et y tenir garnison.

Cela fait, et sans se soucier davantage de ce que dirait Farquhar, Sylvain Roux, ainsi que ses instructions le lui enjoignaient, se mit à nouer sur l'heure des rapports avec les princes ou chefs de toute la contrée environnant Tintingue, depuis

Fénériffe jusqu'à la baie d'Antongil. Ses ouvertures eurent un plein succès. Elles furent si favorablement accueillies, que le 20 mars 1822, c'est-à-dire cinq mois à peine après son arrivée à Sainte-Marie, douze de ces princes, dans une réunion solennelle, faisaient acte d'alliance et de soumission à la France. Nous aurions obtenu de pareils traités sur n'importe quel point de Madagascar où nous nous serions présentés.

A la nouvelle de cette adhésion, qu'il ne dépendait que de Sylvain Roux de rendre générale chez toutes les peuplades du littoral, les Anglais furent bouleversés, et virent qu'ils devaient à tout prix faire immédiatement entrer en scène leur « roi de Madagascar ». En conséquence, quelques semaines après ils ripostaient par une proclamation signée Radama, mais rédigée par Hastie, et que les vaisseaux britanniques répandirent sur toute la côte. Dans cette proclamation, le chef des Hovas, en qualité de « roi de Madagascar, déclarait nulle toute cession de territoire qu'il n'aurait pas ratifiée ». Mais comme les mots ne signifiaient pas grand'chose, le mois suivant, pour appuyer cette proclamation, une armée hova commandée par Hastie et plusieurs officiers anglais s'emparait de Foulpointe, l'ancien chef-lieu des établissements français de Madagascar avant 1804, et venait asseoir son camp près de la pierre même qui existe encore et qui témoignait en faveur des droits authentiques de la France sur la grande île.

A Foulpointe, Radama était sur le flanc droit de nos alliés.

Si l'on se rappelle que, depuis 1817, Radama n'avait qu'un simple droit de suzeraineté sur Tamatave, Foulpointe était l'unique point des 900 lieues de côtes de l'île qui, à la fin de 1822, était en la possession de ce singulier roi de Madagascar.

Quoi qu'il en soit le conflit avec la France était engagé. Mais comme Hastie n'entendait pas que Radama fût seul au profit, attendu que, dans les desseins de l'Angleterre il était beaucoup moins question de nous interdire l'entrée de Madagascar, que de nous l'enlever, — en récompense de ses conseils et de son concours pour la prise de Foulpointe, il exigeait du roi des Hovas, 31 mai 1823, un nouveau traité dont l'article 1er dira toute l'économie.

« Article 1er. — Les vaisseaux et bâtiments de S. M. Britannique et tous autres vaisseaux anglais légalement chargés d'empêcher la traite des noirs ont, par ces présentes, pleins pouvoirs de saisir et arrêter tous navires et bâtiments, soit qu'ils appartiennent à des sujets du roi de Madagascar, soit qu'ils appartiennent à des citoyens de toute autre nation, toutes les fois qu'on les trouvera dans un havre, port, anse, crique ou rivière, ou sur les plages ou près des côtes de Madagascar, faisant la traite des noirs *ou bien aidant ou excitant à la faire.* »

De cette façon, de par la libéralité de Radama, qui ne possédait que Foulpointe, les Anglais avaient la police de toutes les côtes de Madagascar.

Deux mois après ce traité (juillet 1823), Radama, à la tête d'une forte armée munie de fusils et de canons fournis par le gouverneur de Maurice, tombait, sans déclaration de guerre, sur le territoire des princes qui nous avaient fait soumission l'année précédente, pillant, brûlant, tuant, saccageant tout.

Les Anglais n'étaient pas sans reconnaître qu'avec un roi de Madagascar aussi imaginaire et aussi fictif que Radama, les droits qu'il leur pouvait concéder couraient risque de rester illusoires. Pour cette cause, pendant tout le cours de l'année 1824, ils lui firent entreprendre un certain nombre d'expéditions sur différents points du littoral. Ces expéditions étaient toujours combinées avec les croiseurs britanniques. Radama devait-il se présenter dans une ville maritime, comme Mazangaye par exemple? son arrivée concordait toujours avec celle d'un bâtiment de guerre anglais, dont l'apparition troublait les peuplades et les décidait d'autant mieux à se déclarer vassales de Radama, qu'aucun tribut n'en devait être la suite, qu'elles n'avaient à perdre aucun atome de leur indépendance, et que dans les vingt-quatre heures Radama se retirait en comblant leurs chefs de présents. Ces prises de possession toutes sommaires étaient uniquement destinées à jeter « de la poudre aux yeux » et à donner quelque apparence de justification au titre de « roi de Madagascar » pris par Radama. Puis, à tout hasard, en cas de complications diplomatiques graves, elles pouvaient permettre d'épiloguer, et dans une certaine mesure, pallier la conduite des Anglais.

Cependant, tant qu'une puissance européenne, et la France surtout, posséderait une partie quelconque de l'île, il était impossible d'attribuer à ce titre de roi de Madagascar le sens absolu que Farquhar et l'Angleterre sentaient nécessaire de lui donner. Or on se souvient qu'en 1822 Sylvain Roux avait envoyé une garnison à Fort-Dauphin.

Pendant un an, Hastie harcela sans cesse Radama pour l'amener à nous en chasser.

Radama hésitait, n'osant s'attaquer aussi ouvertement à la France. L'entreprise, du reste, était des plus hasardeuses, attendu que, pour aller à Fort-Dauphin, situé à près de cent cinquante lieues de Tananarive, il fallait traverser des contrées où les Hovas n'étaient jamais allés. Ses hésitations furent toutefois vaincues, beaucoup moins par les instances du résident britannique, que par les renseignements que Farquhar lui fit parvenir sur le peu de forces que nous avions à Fort-Dauphin. Notre poste, en effet, se composait d'un officier et de cinq hommes. Cet officier jouissait d'une autorité morale considérable dans toute la région du fort. Chaque fois que des dissensions éclataient, c'était à son arbitrage que les tribus faisaient appel, et ses décisions étaient toujours religieusement respectées. S'il en avait eu l'autorisation, rien ne lui aurait été plus facile que de s'entourer de peuplades dont il eût pu se faire des auxiliaires. Mais aucune instruction de ce genre ne lui avait été adressée ; c'était même presque à son corps défendant, et sous sa responsabilité personnelle, qu'il avait consenti à assumer le rôle de pacificateur, voire même de suzerain, dont toutes les tribus s'obstinaient à l'investir. Aussi, quand l'armée hova survint à l'improviste, fut-il bloqué sans peine, et, au mépris d'un armistice convenu de part et d'autre, les Hovas ayant escaladé les murs, nos six hommes furent faits prisonniers. Après avoir « déchiré et foulé aux pieds notre pavillon », les Hovas le remplacèrent par celui de Radama.

Le coup de main exécuté, 1,800 Hovas restèrent à Fort-Dauphin, et le surplus de l'armée se retira en Ankova.

On conçoit combien cette « victoire » dut combler Radama de joie et d'orgueil. Hastie, qui ne perdait pas de vue les intérêts de l'Angleterre, s'empressa de demander quelque chose pour ses compatriotes. Peu de temps après, le 18 juin 1825, la *Mauritius Gazette,* qui était devenue l'organe officiel de Radama, insérait un décret de ce dernier accordant à tous les navires de commerce anglais l'entrée des ports de Madagascar, moyennant un droit de 5 p. 100 sur la valeur des marchandises, et autorisant les Anglais à résider dans l'île, à y commercer, à y construire des navires, à y bâtir des maisons et à y cultiver des terres.

Ainsi, à la fin de 1825, la majeure partie des plans de Farquhar se trouvait par le fait réalisée.

Le gouverneur de Maurice n'avait pas fait preuve de moins d'habileté dans la poursuite de ses plans que d'originalité dans leur conception. Depuis quatre années que nous étions à Sainte-Marie, il nous avait été impossible de fonder quoi que ce fût sur la grande terre. Notre drapeau avait été insulté à Fort-Dauphin ; nous avions dans les Hovas des ennemis avec lesquels il nous fallait compter. Quant à l'Angleterre, par le traité de commerce que nous venons de voir, par le droit de police qu'elle avait dans tous les ports et dans les eaux de Madagascar, elle prenait graduellement une place qui n'appartenait qu'à nous. Si les choses continuaient, elle était en passe de nous supplanter.

CHAPITRE IV

Qu'au moment de l'expédition de Sainte-Marie, notre gouvernement n'eût point prévu les résistances que les Anglais
devaient nous susciter, il serait injuste de lui en adresser un reproche tant la chose était invraisemblable. Mais ce dont il faut
le blâmer, c'est, lorsqu'il eut connaissance de l'état des choses,
de n'avoir rien fait pour en sortir. Et par gouvernement nous entendons ici, non pas seulement la métropole, mais encore l'administration de Bourbon et de l'établissement de Sainte-Marie.

Dans la situation qui nous était faite par les Hovas, trois
partis étaient effectivement à prendre. Ou bien disputer Radama
aux Anglais. La chose était possible. Le caractère anglais lui
était antipathique. Il n'ignorait pas qu'en le soutenant, l'Angleterre cherchait beaucoup plus à travailler pour elle que
pour lui. Sa perspicacité à cet égard allait si loin, qu'il opposa
constamment une résistance invincible aux sollicitations d'Hastie lui conseillant d'établir une route carrossable entre Tamatave et Tananarive. « Si pareille route était faite, répondait-il à
chaque demande, les Anglais ne tarderaient pas à s'en servir
pour s'emparer du pays. » Pour nous aboucher avec Radama,
nous avions un ex-sous-officier français, du nom de Robin,
auquel Radama avait voué le plus vif attachement. Obligé,
en 1816, de quitter Bourbon, où il était en garnison, pour irré-
gularités dans les comptes de sa compagnie, Robin s'était enfui
à Tamatave, et de là avait passé à Tananarive, où il était succes-

sivement devenu le professeur de français, le secrétaire et le compagnon d'armes du roi des Hovas. Nous dirons toutefois que l'entente avec Radama était inacceptable, car elle n'aurait été possible qu'à la condition pour nous d'abandonner nos droits de souveraineté sur Madagascar.

A défaut de ce parti, il y en avait un autre consistant dans un débarquement suffisant de troupes afin de mettre les Hovas à la raison. Mais les commandants de Bourbon et de Sainte-Marie ne disposaient pas d'assez de forces pour une pareille entreprise. S'adresser, pour en avoir, à la métropole, était d'autre part impossible; à cette époque, nos ressources budgétaires étaient si minimes, qu'on n'aurait jamais voulu admettre de pareilles dépenses.

Restait, enfin, un troisième parti, avec lequel on pouvait arriver au même résultat que par une expédition et sans qu'il en coûtât pour ainsi dire rien : Il se réduisait à faire passer de la poudre et des armes à nos alliés indigènes, lesquels, non moins braves et six fois plus nombreux que les Hovas, auraient été de la sorte rendus capables de les refouler sur Tananarive, surtout si l'on eût pris la précaution de leur adjoindre, à titre de volontaires, quelques-uns de ces officiers de fortune comme la fin des guerres de l'Empire en avait tant laissés sans emploi.

Mais de ces trois partis nous ne sûmes en adopter aucun. Nous fûmes tellement déconcertés par ces résistances inattendues, tellement « médusés » pourrions-nous dire, que Bourbon et Sainte-Marie commirent la faute insigne de ne pas même essayer de tirer profit de la levée générale de boucliers qui se fit, en 1826, contre les Hovas et chez les tribus du Fort-Dauphin et parmi nos alliés, de Féneriffe à la baie d'Antongil. La victoire de ces derniers, en vertu des traités passés avec eux quelques années auparavant, nous aurait assuré la possession de leur territoire. Tout aurait donc dû nous commander de les soutenir. Leur soulèvement avait rendu la situation de Radama si périlleuse que, pour le sauver, Hastie n'hésita pas à donner lui-même de sa personne. Tandis, en effet, que nos alliés étaient attaqués de front par Radama, Hastie faisait embarquer à Foulpointe, sur des navires britanniques, 3,000 Hovas, qu'il transportait à Pointe-à-

Larrée, pour les prendre en queue. On imagine ce qu'il dut adve-
nir de ces malheureux Malgaches placés entre deux feux, ayant
contre eux des troupes organisées, qui avaient l'avantage d'armes
supérieures, et qui étaient aidées de toutes les ressources de la
tactique européenne. Tout ce qui fut pris fut tué. On emmena
les femmes et les enfants en esclavage. Ceux qui ne s'enfuirent
pas dans les bois durent se réfugier à Sainte-Marie. Il aurait suffi
de leur donner un secours d'une centaine d'hommes et de quelques canons, pour les faire victorieux.

Notre conduite à l'égard des tribus de Fort-Dauphin fut encore s'il est possible, plus étrange et plus coupable. La garnison
hova, bloquée dans le fort par les peuplades des environs, était
sans aucun moyen d'informer Radama de sa position, et le moins
qui lui pût arriver était de mourir de faim. Puisque notre intention n'était pas d'appuyer les assiégeants, nous aurions dû au
moins rester neutres. Nous eûmes, au contraire, l'ingénuité de
faire savoir à Radama ce qui se passait ; en sorte que, grâce à
nous, il put délivrer les siens.

Ce trait seul indique l'état d'esprit incertain et troublé dans
lequel nous étions. On a prétendu plus tard, pour justifier cette
conduite, que l'on avait essayé par là de gagner les sympathies de
Radama. Ce fut le contraire que nous en retirâmes, car Radama,
en vrai barbare qu'il était, s'empressa de regarder cette conduite, qu'il ne s'expliquait pas, comme une marque de la crainte
qu'il nous inspirait. Aussi, quand les Anglais lui eurent fait
comprendre que les soulèvements qui venaient d'avoir lieu
étaient principalement causés par notre présence à Sainte-Marie,
et que le moyen d'en éviter d'autres était de nous en éloigner à
tout prix, nous témoigna-t-il sa reconnaissance à sa façon, en
s'arrangeant de manière à rendre notre séjour de Sainte-Marie
impossible.

Notre établissement ne pouvait vivre qu'à la condition de
tirer de Madagascar le riz, le bétail et les travailleurs libres ou
esclaves, dont les colons et les troupes avaient besoin. En ce
qui concernait le riz et le bétail, Radama défendit expressément
aux traitants de Sainte-Marie d'en acheter dans la partie de
Madagascar située en face de l'île ; ils n'étaient autorisés à s'en

procurer qu'à Foulpointe ou à Fénériffe, où la douane, tenue par les Hovas, leur faisait payer des droits exorbitants à la sortie comme à l'entrée. Il s'ensuivit pour tous les objets d'alimentation un renchérissement qui bouleversait les conditions économiques de la colonie. La sévérité était telle, à cet égard, que le navire d'un traitant français ayant été jeté à la côte dans un endroit interdit au commerce, ce traitant fut accusé d'y avoir abordé en vue d'y faire du trafic, et, pour cette raison, vendu comme esclave. Relativement aux travailleurs libres ou esclaves, sans lesquels il n'y avait pas à songer à une production quelconque, Radama édicta la peine de mort contre tout Malgache qui nous en fournirait.

Le maintien de ces mesures aurait entraîné à bref délai la ruine des colons et l'abandon inévitable de notre établissement; ç'eût été, par suite, l'échec absolu de notre expédition de 1821. Après nous avoir fermé de force la grande terre, on nous aurait expulsés indirectement de Sainte-Marie.

Il n'y avait plus à tergiverser. Il fallait se décider à agir contre les Hovas ou évacuer Sainte-Marie.

Nous sommes en 1827. A la tête de notre marine et de nos colonies était alors un homme d'énergie et d'initiative, pénétré de la nécessité de reconstituer notre ancien empire colonial, M. Hyde de Neuville. Informé de la situation de Sainte-Marie par le gouverneur de Bourbon, M. de Cheffontaines, — un gouverneur comme la France en a eu malheureusement très peu depuis un siècle dans ses colonies, — M. Hyde de Neuville, malgré les faibles ressources dont disposait son département, organisa une petite expédition qu'il fit immédiatement partir pour Bourbon. En homme pratique, M. Hyde de Neuville laissait au conseil colonial de cette île le soin de décider de l'époque et des points de Madagascar où il était préférable d'opérer. Il s'était contenté de tracer le programme dont on devait poursuivre la réalisation.

Ce programme comportait les quatre points suivants : 1° occuper par des troupes le port de Tintingue; 2° exiger la reconnaissance des droits de la France sur Fort-Dauphin et la partie orientale de l'île, allant de la rivière d'Yvondrou (un peu au-dessous de Tamatave) jusqu'à la baie d'Antongil inclusivement, ainsi que sur les autres points anciennement soumis à la domination française ; 3° rétablir sous la protection et la domination de la France les anciens chefs alliés que Radama avait dépossédés ; 4° enfin, lier avec les peuples de Madagascar des relations d'amitié et de commerce.

Avec M. Hyde de Neuville, il n'allait donc plus s'agir seulement, comme en 1821, de créer un port avec Sainte-Marie et Tintingue, mais de faire revivre nos anciens droits sur Mada gascar.

Nous reprenions le programme de 1821, agrandi de tout ce qu'il aurait dû être alors, et en tenant compte de toutes les résistances que Sylvain Roux n'avait pas soupçonnées.

Nous comprenions que rien n'était possible pour nous à Madagascar, tant que nous n'aurions pas imposé aux Hovas le respect de nos droits et l'obligation de laisser l'île en paix.

Que l'expédition réussît, et c'était Madagascar dont en somme nous prenions totalement possession.

CHAPITRE V

Mort de Radama Ier. — Révolution qui en est la conséquence chez les Hovas. — Proclamation de Ranavalo comme reine. — Expédition de Gourbeyre en 1829. — Occupation de Tintingue. — Premier bombardement de Tamatave. — Échec de Foulpointe. — Incapacité de Gourbeyre. — Cessation des hostilités. — Évacuation de Tintingue.

En raison des circonstances, le Conseil colonial de Bourbon ne crut pas politique d'employer, dès leur arrivée, les forces militaires qu'il venait de recevoir de M. Hyde de Neuville. La mort de Radama avait effectivement eu à peu près lieu sur les mêmes entrefaites (27 juillet 1828). Avant d'en venir aux mains, il pensa qu'il valait mieux attendre afin de savoir si l'évènement n'apporterait pas quelque changement dans la situation.

Le jour même de cette mort, on avait appris en effet qu'une révolution avait éclaté à Tananarive. On doit se souvenir qu'à l'instigation d'Hastie, Radama avait confisqué le pouvoir délibératif et consultatif des « Kabars » et qu'il avait courbé les grands sous sa volonté. Ces changements dans les coutumes politiques du pays avaient produit un mécontentement général, que la terreur inspirée par le roi avait seule empêché de se manifester. Aussi, à la première nouvelle de sa mort, les grands ou « chefs du peuple », qui redoutaient que son successeur ne continuât son système, avaient-ils envahi le palais; ils s'étaient emparés de la femme de Radama et l'avaient proclamée reine sous le nom de « Ranavalo », après avoir eu soin de lui faire signer une constitution d'après laquelle aucune des lois qu'elle édicterait ne serait valable si elle ne portait pas la signature de sept d'entre eux. Ils avaient même poussé les précautions, afin d'être plus sûrs de la tenir, jusqu'à l'obliger, dit-on, à épouser un des leurs, nommé Raïnizouari. Puis comme d'autres compétitions au trône pouvaient être à craindre, les conjurés avaient procédé, sous le couvert de la reine, à l'extermination de tous les membres de la famille de Radama. Un seul échappa : Ramenetak, son neveu et son successeur direct, lequel eut la chance de s'enfuir.

Cette révolution n'avait pas seulement transformé le gouvernement tyrannique et personnel établi par Radama en gouvernement oligarchique; on s'était également aperçu, dès le début, qu'en dehors de ses résultats politiques d'ordre intérieur, elle était en grande partie dirigée contre les Anglais. Leguevel de Lacombe, qui parcourut Madagascar de 1820 à 1823, nous raconte qu'Hastie et tous ses compatriotes étaient universellement détestés des Hovas. Fut-ce pour donner satisfaction à ce sentiment populaire, ou parce qu'ils voyaient dans les Anglais de dangereux ennemis à évincer? Peut-être pour ces deux causes. En tout cas, un des premiers actes des membres du nouveau gouvernement avait été de déchirer publiquement tous les traités passés avec l'Angleterre depuis 1817, de soumettre à d'insupportables vexations les Anglais établis à Tananarive, puis de refuser de reconnaître et de recevoir comme résident britannique le docteur Lyall, tout récemment arrivé pour remplacer Hastie, mort l'année d'auparavant. A la suite d'une espèce d'émeute que le gouvernement hova laissa faire contre lui, le docteur Lyall avait même éprouvé une telle commotion qu'il en devint fou. Pour ce qui a trait au privilège dont jouissaient les Anglais de commercer dans tous les ports de Madagascar moyennant 5 p. 100 de droit sur les marchandises, le nouveau gouvernement l'avait aboli et généralisé à tous les navires étrangers.

Dans ces conditions, tout autorisait le Conseil colonial de Bourbon à penser que les Hovas renonceraient probablement à leurs prétentions chimériques sur l'île et qu'il ne serait plus dès lors nécessaire de leur faire la guerre.

On attendit donc quelque temps; mais aux premières ouvertures qui lui furent faites relativement à nos droits, on se convainquit de suite que, sur ce chapitre, le gouvernement de

Ranavalo ne serait pas moins intraitable que celui de Radama.

La guerre ne pouvant être évitée, le Conseil colonial décida de commencer les opérations.

Si l'on avait à rencontrer une résistance sérieuse, l'expédition était loin de disposer d'un effectif suffisant pour la mission dont elle était chargée. Mais ce qui lui manqua par-dessus tout, ce fut un chef à la hauteur de sa tache. Celui qu'elle eut, Gourbeyre, fit preuve d'une déplorable incapacité.

Vers la fin de juillet 1829, comme le portaient ses ordres, Gourbeyre se présenta devant Tamatave, où les Hovas avaient installé un gouverneur depuis la mort de Jean René. Après avoir remis au gouverneur l'ultimatum dont nous avons donné plus haut la substance, en lui enjoignant de le faire parvenir sur l'heure à la reine Ranavalo, il cingla sur Tintingue, dont il devait occuper et mettre le port en état de défense. Il y arrive le 2 août, prend la ville et, avec l'aide des naturels nos alliés, bâtit un fort qu'il arme de huit canons et qu'il pourvoit de toutes les constructions nécessaires à la garnison qu'on lui avait commandé d'y laisser. Le 19 septembre, il y hissait le pavillon français. Ainsi, dès le premier jour, se trouvait complètement réalisée l'idée qui nous avait conduits à Sainte-Marie en 1821.

La question de Tintingue réglée, Gourbeyre s'en retourna à Tamatave pour connaître la réponse de la reine. Aucune satisfaction ne nous ayant été accordée, il bombarde et incendie la ville, puis se dirige vers Foulpointe, qu'on lui avait ordonné de détruire avec tous les autres postes hovas de la côte. A Foulpointe, le débarquement se fit sans difficulté. Mais pour que la victoire fût complète, restait à enlever une redoute située un peu dans l'intérieur des terres, où les troupes hovas s'étaient retranchées. L'attaque est malheureusement engagée dans de telles conditions, que nos soldats sont repoussés. Gourbeyre, qui dirigeait les opérations de son navire, aurait dû descendre à terre et tenter, quoi qu'il en dût coûter, de relever les affaires ; avec une ombre d'énergie la chose était aisée. Pris, au contraire, d'une sorte de terreur panique, il commit la faute impardonnable de faire sonner la retraite, abandonnant sur le terrain nos morts et une partie de nos blessés. A quelques jours de là, il eut beau raser un autre poste, celui de Pointe-à-Larrée, tout près de Foulpointe, l'effet moral produit sur nos ennemis par la précédente reculade avait été considérable. Les Hovas s'étaient attribué la victoire, et ils avaient eu d'autant plus beau jeu pour le faire croire, qu'en fin de compte ils avaient les dépouilles et les têtes de nos malheureux soldats à montrer.

A tous les points de vue l'échec de Foulpointe était regrettable, car avec les peuples barbares, il ne faut jamais leur laisser l'idée que la victoire puisse leur être possible. Cependant, avec de l'intelligence et quelque esprit de ressource, on aurait pu, sans trop de peine, refroidir l'ardeur que les Hovas en avaient éprouvée. L'arrivée de nos vaisseaux avait été saluée, comme le signe d'une délivrance prochaine, par toutes les peuplades des environs de Tamatave, de Foulpointe, de Tintingue et de la baie d'Antongil. A Tintingue, en moins de quelques mois, des milliers de naturels avaient transporté leurs villages autour du fort. Les populations ne demandaient pas seulement à secouer le joug des Hovas, mais à marcher contre eux. Il en était de même de celles de Fort-Dauphin, où il aurait suffi à notre pavillon de se faire voir pour amener une prise d'armes générale. Un armement égal à celui des Hovas, c'est-à-dire des fusils, de la poudre et une direction d'ensemble, voilà uniquement ce qu'il leur fallait.

D'autre part, au premier coup de canon tiré par nous, Robin, dont nous avons dit quelques mots plus haut, sacrifiant sans hésiter sa position chez les Hovas, était venu offrir ses services à Gourbeyre. Robin connaissait à fond les Hovas, leur organisation, leurs habitudes. En mainte circonstance, du temps de Radama, il leur avait servi de général. Son autorité chez eux était énorme. Il se faisait fort de soulever tous les Sakalaves du Nord, depuis Nossi-Bé jusqu'à Mazangaye, et de les lancer sur Tananarive. Il s'offrait, en outre, à aller à Anjouan, une des Comores, vers l'héritier direct de Radama, Ramenetak, qui s'y était réfugié, et à le déterminer à passer en Ankova, pour faire valoir ses droits. On voit quel merveilleux parti on pouvait tirer de pareils éléments. Il y avait là de quoi anéantir la puissance, encore à sa naissance, des Hovas, et cela sans qu'il fût nécessaire pour la France de mettre deux cents hommes de plus en ligne.

Mais lorsque Robin se présenta devant Gourbeyre, celui-ci eut à son égard l'attitude la plus grossière, lui donnant à entendre que son concours serait un déshonneur pour l'armée, lui reprochant d'insignifiants détournements commis quinze années auparavant, sur lesquels d'ailleurs les tribunaux n'avaient pas prononcé et que le malheureux ne demandait qu'à faire oublier. Tout autre que Robin se serait laissé rebuter par ces outrages; il insista au contraire publiquement, et Gourbeyre dut l'autoriser à tâter le terrain près des Sakalaves et de Ramenetak. Mais quand il revint, apportant la promesse d'un concours général, sous l'unique condition que la France fournirait des armes, Gourbeyre ne voulut pas offrir plus de soixante fusils et vingt tonneaux de poudre! C'était une fin de non-recevoir déguisée. Gourbeyre n'en fit même pas autant avec les tribus de la côte orientale; il ne voulut pas admettre un seul instant l'idée qu'elles pouvaient être utilisées.

Par son refus obstiné de s'appuyer sur les indigènes, Gourbeyre doit donc être regardé comme l'auteur de la non-réussite de l'expédition de 1829. Il y avait un fait, c'est que du moment où nous ne consentions point à nous servir de nos alliés malgaches, il ne nous était plus possible de venir à bout des Hovas qu'avec les ressources, les hommes et le concours moral de la métropole, c'est-à-dire à la condition d'envoyer et d'entretenir à Madagascar une armée d'au moins 5 à 6,000 Européens. Or, si l'on se reporte à l'époque (1829-1830), si l'on songe aux passions politiques alors déchaînées, au peu de goût que l'on avait à ce moment-là pour les entreprises lointaines, il est clair qu'il eût été impossible au ministère le plus populaire d'arracher aux Chambres l'argent et les troupes nécessaires pour réduire les Hovas et les forcer dans leur repaire de Tananarive; et cela d'autant plus qu'il aurait peut-être fallu s'attendre à des embarras diplomatiques avec les Anglais.

Et en effet, de suite après la révolution de 1830, autant pour éviter des dépenses que pour complaire à la Grande-Bretagne, dont il recherchait coûte que coûte l'amitié, le gouverne-

ment de Louis-Philippe ordonnait de cesser tout acte de guerre
à Madagascar. Ce premier ordre était bientôt suivi d'un autre
disant d'évacuer Tintingue, sans se préoccuper, en échange, d'obtenir des Hovas le moindre traité.

On était si bien alors à une politique d'abandon complet de
Madagascar, qu'on avait même l'intention d'abandonner Sainte-
Marie. Une seule chose arrêta : ce furent les réclamations des
colons qui s'y étaient fixés sur la foi de la métropole, et qui
affichaient l'idée de demander une indemnité. C'est pour cette
seule raison qu'en 1832 la France continua de rester à Sainte-
Marie !

CHAPITRE VI

Les Hovas n'ayant plus rien à craindre de la France se tournent contre les Anglais qu'ils expulsent. — Leur conduite à l'égard des indigènes. — Leur conduite à l'égard des étrangers. — Deuxième bombardement de Tamatave. — Madagascar est fermée au commerce de la France et à celui de l'Angleterre.

Si nous résumons nos tentatives sur Madagascar depuis 1819, on est forcé de convenir que notre évacuation de Tintingue était, en ce qui regardait la France, le triomphe absolu de la politique britannique inaugurée à Madagascar en 1817. Quoi que nous eussions entrepris, et en dépit de tous nos droits, nous avions été impuissants à fonder, de force ou autrement, le moindre établissement sur le territoire même de Madagascar. Fort-Dauphin et Tintingue, les seuls endroits où nous avions mis le pied, étaient retombés au pouvoir de l'ennemi. Nous n'occupions près des côtes qu'une petite île insalubre, peu fertile, sans le moindre avenir. Quant aux Hovas, il n'était plus douteux qu'avec eux les Anglais nous avaient créé un obstacle sérieux, dont il ne fallait penser venir à bout que par une expédition en règle, réclamant des troupes relativement importantes, pouvant durer plusieurs années, devant entraîner l'occupation militaire d'un certain nombre de positions. Farquhar aurait donc pu à bon droit se féliciter.

Il y avait cependant un point où les Anglais avaient échoué : c'était dans l'ambition qu'ils avaient nourrie de nous dépouiller de Madagascar. Ils nous avaient bien empêchés d'y établir notre pouvoir; mais il n'avaient pu, de leur côté, s'en emparer.

Quand Farquhar avait mis les Hovas en avant, il s'était ima-

giné qu'il pourrait se servir d'eux comme d'un instrument pour
se substituer à nous dans l'île. Et c'étaient les Anglais, au contraire, qui avaient servi d'instrument aux Hovas. Ces derniers
avaient accepté leurs conseils, leurs armes, leur argent, leur
direction, toutes les organisations utiles qu'il leur avait plu de
leur donner; mais cette idée de la souveraineté totale de l'île, que
Farquhar leur avait inculquée contre nous, sans supposer qu'ils
s'aviseraient jamais de la prendre au sérieux, ils se l'étaient
si bien assimilée, qu'elle en était arrivée à former le fond de leur
politique. C'est au point que l'on va voir maintenant les Hovas
s'attribuer la propriété de toute l'île et se montrer prêts à tout
pour la défendre, aussi bien contre les Anglais que contre les
Français.

Dès que les Hovas crurent, en effet, n'avoir plus rien à
craindre de la France, c'est-à-dire à partir de 1832, on les voit
adopter, vis-à-vis des Anglais comme de tous les étrangers en
général, une ligne de conduite qui avait pour objet, dans leur
esprit, d'écarter à jamais tout danger extérieur et qui devait, par
conséquent, leur assurer définitivement la domination de l'île de
Madagascar.

A partir de cette époque, parallèlement à la politique anglaise
qui, depuis 1817, nous disputait Madagascar, il s'en produit
une autre du même genre : celle des Hovas, lesquels, après
n'avoir été contre la France qu'un instrument des Anglais ,
prétendent à leur tour occuper Madagascar à leur profit.

Cette politique allait avoir pour objectif l'élimination des
blancs. Et l'Angleterre n'allait pas être mieux traitée que nous . ·

On se rappelle la conduite des Hovas à l'égard des Anglais
après la mort de Radama : dénonciation des traités contractés,
outrages de toutes sortes, insultes au résident britannique. Ils
avaient laissé voir en cette circonstance qu'ils regardaient les
Anglais comme des compétiteurs dont ils devaient surtout se
débarrasser.

Cependant, pour des raisons qui nous échappent, le séjour
de la mission anglaise à Tananarive avait été toléré, et quand
tous les autres sujets britanniques avaient reçu l'ordre de sortir
de l'île, on l'avait retenue. Mais à peine eûmes-nous quitté

Tintingue et les Hovas se virent-ils tranquilles de notre côté, qu'ils s'occupèrent avec un soin méticuleux de saper l'action des missionnaires; ils sentaient avec raison que, sous couleur de religion et d'enseignement, ceux-ci ne visaient à rien moins qu'à créer à Madagascar des intelligences dont les Anglais, ou les autres étrangers, pourraient un jour se servir contre le gouvernement hova.

D'abord, défense leur est faite d'enseigner la lecture et l'écriture aux esclaves; c'était considérablement réduire leur public. Puis, on leur signifia que cet enseignement ne pouvait être désormais donné que dans les écoles appartenant au gouvernement; c'était presque leur interdire les fonctions d'instituteurs. A quelque temps de là, une troisième mesure fut prise à leur sujet : on leur enjoignit, tout en étant libres de suivre à leur gré « leurs propres coutumes », d'avoir à respecter celles du pays, et en conséquence de s'abstenir de baptiser les sujets hovas ou de leur faire pratiquer les cérémonies du culte chrétien. Enfin, dans la pensée probable qu'on pourrait anéantir par ce moyen tout « le mal » que les missionnaires anglais avaient fait depuis leur arrivée dans le pays, — en mars 1835, la reine convoquait un Kabar solennel, auquel assistèrent, dit-on, plus de 150,000 Hovas. Et là, la reine ordonna à ses sujets baptisés ou affiliés aux sociétés religieuses fondées par les missionnaires, d'avoir à se dénoncer eux-mêmes dans le délai d'une semaine, sous peine de mort. Tous les officiers qui se déclarèrent chrétiens furent privés de leur grade, et les gens du peuple frappés d'une amende.

Ne pouvant plus ni enseigner ni convertir, la mission anglaise sollicita et obtint du gouvernement l'autorisation de quitter Tananarive. Néanmoins, si l'on songe qu'en 1828 leurs 32 écoles du pays d'Émyrne renfermaient 4,000 élèves, les missionnaires anglais ne partaient point sans laisser derrière eux ces germes d'influence que le révérend Ellis devait si tristement utiliser plus tard.

Dès qu'il crut avoir détruit l'œuvre des missionnaires anglais, le gouvernement de Tananarive s'inquiéta des périls que le contact des étrangers avec les indigènes malgaches pourrait, à un moment donné, faire courir à son despotisme. Ce qu'il redoutait par-dessus tout, c'étaient les échanges de poudre et de fusils qui auraient mis les autres Malgaches sur le même pied que les Hovas au point de vue de l'armement. Ce fut pour rendre ces échanges impossibles, que les Hovas résolurent de monopoliser le commerce à leur profit. Le gouvernement installa, en conséquence, des postes hovas dans tous les endroits du littoral où les navires de commerce avaient l'habitude d'aborder, et sous peine de mort, défense fut faite aux naturels de la côte, de commercer directement avec les étrangers. Ils ne devaient vendre leurs denrées et leurs produits qu'aux Hovas des postes, lesquels, bien entendu, s'arrangeaient pour les leur acheter aux prix les plus bas, et c'est à ces Hovas que les traitants devaient s'adresser pour se les procurer. Inutile de dire qu'on faisait payer à ces derniers le plus cher possible. A l'entrée comme à la sortie, un droit de 10 p. 100 était prélevé au profit de la reine sur toutes les marchandises. Pendant de longues années, jusqu'à ce que les arsenaux hovas fussent entièrement garnis, ce droit dut être presque exclusivement acquitté en poudre et en fusils.

On pense bien que ce monopole du commerce ne fut pas établi sans résistance de la part des indigènes. Mais quand pour une raison ou pour une autre une peuplade faisait mine de se soulever, le gouvernement de Tananarive avait un principe de conduite : une armée hova tombait soudainement sur elle ; tout était détruit par le fer et par le feu ; les femmes et les enfants étaient pris comme esclaves, les hommes égorgés. Le massacre atteignit de telles proportions, que le chiffre de la population de l'île, qui, de l'estimation même des Anglais, comprenait en 1816 près de cinq millions d'habitants, est à peine aujourd'hui de trois millions à trois millions et demi.

La destruction était systématique ; c'est ce qui explique que d'immenses contrées, autrefois peuplées, sont aujourd'hui désertes. Disons d'ailleurs qu'elle était commandée par une nécessité politique : vu leur petit nombre, il n'était matériellement possible aux Hovas de conserver leur pouvoir qu'en exterminant tous les Malgaches indociles, et en maintenant sous la terreur ceux qui restaient.

L'organisation des douanes n'était pas l'unique précaution que, dans leur crainte des Européens, les Hovas devaient juger à propos de prendre. Il n'y avait pas seulement les traitants allant de port en port faire le troc, il y avait encore ceux qui résidaient sur la Grande Terre. A l'égard de ces derniers, qui pouvaient faire la contrebande des armes ou préparer les voies à une invasion des blancs, le gouvernement de Tananarive fit, en 1845, une loi spéciale qui devait être appliquée successivement à toute l'île, mais qu'il entendit imposer d'abord aux négociants de Tamatave. Cette loi témoigne de quel esprit étaient animés les Hovas. En voici le texte :

« A partir de ce jour, disait la reine, tous les habitants et commerçants étrangers sont tenus de se soumettre à la présente loi malgache concernant les étrangers, c'est-à-dire : 1° de faire toutes les corvées de la reine ; 2° d'être assujettis à tous les travaux, même à ceux que font les esclaves ; 3° de prendre le tanguin (épreuve judiciaire par le poison) lorsque la loi les y obligera ; 4° d'être vendus et faits esclaves s'ils ont des dettes ; 5° d'obéir à tous les officiers et même aux simples soldats hovas, la reine ne leur accordant aucune des prérogatives que la loi malgache accorde à ses sujets ; 6° de ne sortir de Tamatave sous aucun prétexte et de ne faire aucun commerce avec l'intérieur de l'île. Quinze jours sont accordés aux traitants et commerçants ; et si à ce terme ils n'ont pas accédé au présent décret, leurs clôtures seront brisées, leurs marchandises livrées au vol et au pillage et eux-mêmes seront embarqués sur le premier navire qui se trouvera sur rade. Ces quinze jours écoulés, le décret d'expulsion sera exécutoire sur-le-champ, sous peine de mort pour l'officier hova duquel dépendra l'exécution. »

En vertu de cette loi, tous les blancs étaient par le fait expulsés de Madagascar ; car leur séjour y devenait impossible, à moins qu'ils ne consentissent à vivre dans la condition des indigènes non hovas, c'est-à-dire d'être soumis à toutes les exactions et à toutes les injustices que les Hovas se permettaient journellement à l'égard de ces derniers.

De 1832 à 1845, la France et l'Angleterre étaient restées sur la plus grande réserve vis-à-vis du gouvernement de Tananarive, se gardant avec soin de protester contre les nombreuses atteintes apportées à la liberté ou aux intérêts de leurs nationaux.

Mais cette fois la coupe était pleine et les limites de la patience étaient dépassées. Le commandant de la station française dans la mer des Indes était alors Romain-Desfossés. Informé de ce qui se passait à Tamatave, il vint aussitôt mouiller dans le port pour protéger nos compatriotes. Devant la ville il trouva une corvette de guerre anglaise, arrivée également dans le but de défendre les sujets britanniques. Les deux commandants s'entendirent pour agir de concert. Mais leurs représentations, comme leurs remontrances, restèrent vaines : au jour dit, onze traitants français et douze anglais, qui avaient leur résidence à Tamatave, en étaient chassés et voyaient leurs biens pillés.

L'injure était trop grave pour qu'en dépit de la réserve qui leur avait été ordonnée par leurs gouvernements respectifs, les deux commandants pussent se dispenser d'en tirer vengeance. Ils bombardent la ville, la réduisent en cendres, font une descente, escaladent les forts ; mais quand ils arrivent à l'enceinte intérieure, construite en maçonnerie, c'est en vain qu'ils essayent de la forcer. Ils durent regagner leurs navires sous le feu de l'ennemi, abandonnant une partie de leurs morts. C'était en somme une retraite absolument semblable à celle de Gourbeyre devant Foulpointe, en 1829. Elle n'eut pas sur les Hovas un moindre effet qu'à cette époque : ils chantèrent victoire ; leur orgueil n'eut plus de bornes. Et, le lendemain, les équipages anglais et français pouvaient contempler sur des zagaies plantées dans le sable du rivage, les têtes de leurs malheureux camarades tués.

Ainsi l'Angleterre était elle-même prise à son propre piège ; les verges qu'elle avait coupées pour la France et qui, dans son esprit, devaient nous être uniquement destinées, s'étaient retournées contre elle et la frappaient à son tour.

Le gouvernement français aurait été décidé à tirer des Hovas une réparation exemplaire, quelque chose qui effaçât nos échecs de 1821 et de 1829. Le ministère donna même à cet effet des ordres pour une expédition qui devait comprendre un corps de débarquement de 3,200 combattants. Heureusement, une coalition

parlementaire y mit obstacle. Nous disons « heureusement »,
attendu que les instructions déjà rédigées portaient que la France
ne se proposait aucune occupation, aucune conquête, pas même
la restauration de ses anciens établissements. Or, dans ces conditions, un acte de vigueur n'aurait fait qu'augmenter les mau-
vaises dispositions des Hovas à notre égard, tandis que l'Angleterre, qui s'était refusée à participer à l'expédition tout en nous
y poussant, se serait targuée de son abstention pour essayer de
reprendre auprès d'eux son influence d'autrefois. L'expédition
n'aurait donc pu que servir la politique Anglaise.

Après le bombardement de Tamatave en 1845, la rupture
fut complète entre les Hovas, la France et l'Angleterre; pendant huit années, Madagascar resta fermée au commerce anglais
et français.

Ce bombardement eut un contre-coup intérieur chez les
Hovas : il fut le signal d'un égorgement en masse de tous les
chrétiens hovas ou malgaches que l'on put découvrir. Le gouvernement de Tananarive les accusait d'être d'esprit et d'âme
avec les étrangers, et d'avoir désiré leur succès.

CHAPITRE VII

En soutenant les Hovas, l'Angleterre a plongé dans la barbarie et condamné à des misères sans nombre la population indigène de Madagascar. — Acquisition de Nossi-Bé, Mayotte, Nossi-Mitsiou, Nossi-Cumba. — Traités de protection avec les Sakalaves, les Antankares, etc. — Caractère de ces traités.

Ceux qui, au moment de l'expédition si brillamment conduite par le brave amiral Pierre, s'imaginaient que la question de Madagascar était une question analogue à celles de la Tunisie et du Tonkin — ou à celle de la Guyane ou des Nouvelles-Hébrides , qui pourrait être soulevée demain , — reconnaîtront au contraire, par les détails dans lesquels nous sommes entrés, qu'il s'agit avec elle d'une question nationale, dont notre pays poursuit obstinément la solution depuis près de deux siècles et demi. Et le mal que l'Angleterre s'est donné, depuis 1817, pour que Madagascar échappât à la France, sera pour eux un témoignage des plus décisifs en faveur de l'importance de cette colonie et des avantages que notre pays aurait à en retirer.

Quoi qu'il en soit, on voit jusqu'à cette date de 1845, ce que la politique égoïste et jalouse de l'Angleterre avait fait de cette grande et magnifique contrée. Pour qu'elle ne fût pas à la France, qui avait pourtant tous les droits sur elle, elle l'avait livrée à la barbarie la plus féroce.

Avant que le ministère britannique n'eût l'idée d'aller inventer la tribu des Hovas et qu'il ne la déchaînât sur les autres peuples de Madagascar, ceux-ci, intelligents, pleins d'admiration pour les Européens, accessibles à leur direction, prêts, on l'a vu par l'histoire, à les prendre pour chefs, constituaient d'inesti-

mables éléments pour l'introduction dans leur pays de la civilisation de l'Europe. Avec eux, le commerce pouvait être libre,
utile, fructueux à tous, et l'exploitation de toutes les richesses
forestières, minières ou agricoles de leur territoire n'aurait
souffert aucune entrave. Ils étaient éminemment pénétrables à
l'immigration des blancs. Les missionnaires auraient pu en toute
sécurité se répandre dans leurs tribus, y propager la religion
chrétienne, battre en brèche l'institution de l'esclavage, le réduire aux plus extrêmes limites. Il n'est donc point téméraire
d'affirmer qu'en ce moment, si les Anglais ne s'en étaient point
mêlés, Madagascar serait une des plus brillantes conquêtes du
xixe siècle. Les naturels y seraient instruits, heureux, car des
écoles auraient pu être fondées de toutes parts. Pour se procurer
les produits d'Europe, qu'ils aiment et qu'ils convoitent, on
serait arrivé à les plier peu à peu à une existence productive et
à un travail régulier. L'île serait sillonnée de routes et peuplée
de millions d'Européens.

Au contraire, à cause de la haine invétérée de l'Angleterre
pour la France, cette malheureuse population indigène, si ouverte, si brave, si civilisable, qui, surtout alors où elle n'était
pas passée par soixante années d'une vie de misères et de terreur, possédait tant de facilités d'adaptation aux sentiments et
aux idées de nos pays, s'est vue condamnée à des alertes perma-
nentes et dut subir les caprices sauvages et barbares d'une
vraie horde de bandits, disposant d'armes supérieures aux
siennes. Représentant tout au plus la cinquième partie de la population totale de l'île, — car même aujourd'hui en comptant
tous leurs esclaves, ils sont à peine 800,000, — les Hovas ne
pouvaient se maintenir que par des exterminations impitoyables,
en soumettant les autres Malgaches à un joug de fer, en procédant contre eux à des spoliations répétées, en leur rendant
impossible tout rapport avec les Européens.

La crainte que les Européens ne fussent des initiateurs pour
les indigènes, explique, encore aujourd'hui, pourquoi les Hovas
se sont toujours refusés à ce que les blancs possèdent des terres
à Madagascar, à ce qu'ils y contractent des baux à long terme,
et pourquoi ils ont sévèrement prohibé la mise en valeur des

forêts et des mines, ainsi que la construction des voies de communication. Ils sont trop intelligents pour ne pas savoir que le
jour où les principes du monde civilisé s'introduiraient dans l'île,
c'en serait fait incontinent de leur pouvoir et de leur domination.

Ainsi, nous le répétons, à la date où nous sommes, la détes-
table politique de l'Angleterre avait rejeté dans la barbarie la
plus profonde un pays qui ne demandait qu'à venir à la civilisation. Elle avait accumulé des malheurs sans nombre sur la tête
d'innocentes peuplades auxquelles la destinée avait tout donné
pour vivre heureuses et tranquilles.

Les Anglais éclairés n'ignorent pas le nombre incalculable
de maux que la politique de leur pays a valus et vaut encore journellement aux peuples de Madagascar. Aussi, lorsqu'on parle
de cette île devant eux, s'efforcent-ils de prendre les devants en
faisant sonner très haut le chiffre des écoles qu'ils ont fondées
chez les Hovas et celui des imprimeries et des journaux qu'ils
publient à Tananarive. Ils espèrent que par ce moyen ils donne-
ront le change et feront croire aux âmes candides que leur
rôle à Madagascar est encore et a toujours été celui d'agents de
la civilisation. Mais qu'ils disent tout ce que leur inspirera leur
pudeur patriotique, ils n'empêcheront pas de penser que, sans
leur intervention réprouvée par le droit des gens, il y aurait
en ce moment à Madagascar trois fois plus de population, cent
fois plus d'écoles, cent fois plus de Malgaches bénéficiant des
lumières de l'instruction, cent fois plus de journaux et d'imprimeries; que cette île serait ouverte au commerce et à l'industrie
du monde; qu'elle serait complètement mise en valeur; et qu'au
lieu d'appartenir encore à une poignée de barbares, elle évo-
luerait dans l'orbite de l'Europe civilisée.

Mais n'anticipons pas et laissons ces réflexions, qui seront
mieux à leur place plus tard.

On aurait donc pu supposer que, de 1828 à 1845, et surtout
en 1845, les évènements auraient dessillé les yeux de l'Angleterre et modifié sa politique à Madagascar. Nos lecteurs verront
dans la troisième et dernière partie de ce travail, ce qu'il en a été.

Avant de continuer toutefois l'histoire de la colonisation française à Madagascar, histoire des plus fertiles en enseignements

de tous genres, et qu'on devrait recommander aux ingénus qui parlent sans cesse d'alliance anglaise, nous mentionnerons ici plusieurs faits, non seulement parce que c'en est le moment, mais parce qu'ils sont pour une grande part dans les causes de l'expédition en cours.

Dans le désir d'obtenir les bonnes grâces de l'Angleterre, le gouvernement de Juillet avait eu beau évacuer Tintingue et mettre fin aux hostilités contre les Hovas, le lendemain il ne s'en était pas moins trouvé en face de la situation qui nous avait poussés à l'expédition de 1821 : c'est-à-dire que nos flottes restaient toujours sans port de relâche et de ravitaillement dans la mer des Indes, et qu'il nous était impossible de nous en passer.

La nécessité était si impérieuse, qu'en 1832, notre ministre de la marine songea à occuper la belle baie de Diégo-Suarez, à l'extrémité nord de Madagascar. Mais il dut y renoncer, d'abord pour ne pas porter ombrage à nos alliés les Anglais, et ensuite faute de ressources pour mettre le lieu en défense.

Tout fâcheux qu'il fût cependant, cet état de choses avait eu une conséquence heureuse : c'est que nos croiseurs, pour employer leurs loisirs, s'étaient imposé le devoir d'explorer toute la côte occidentale de Madagascar, entretenant des relations amicales avec la plupart des tribus du littoral, tribus auxquelles les Hovas n'avaient jamais pu parvenir à faire reconnaître leur suprématie.

Or, au cours de ces explorations, de 1840 à 1842, les îles de Nossi-Bé, Nossi-Mitsiou et Nossi-Cumba, situées sur la côte nord-ouest de la grande île malgache, et Mayotte dans les Comores, nous furent légitimement cédées par les peuplades auxquelles elles appartenaient. Nous les avions acceptées pour avoir des points de relâche, et aussi dans la pensée de créer à Nossi-Bé et à Mayotte des ports fortifiés.

A la même époque, les Sakalaves, dont le territoire s'étend de la baie de Passandava au cap Saint-André, se mirent de leur côté, par un acte solennel, sous le protectorat de la France. Il en fut bientôt de même des Antankares. Ces diverses conventions nous donnaient le protectorat de toute la partie septentrionale de la grande île, de la baie d'Antongil au cap Saint-André, par Diégo-Suarez.

Si l'on tient compte des traités analogues passés en 1822, par Sylvain Roux, avec les naturels des parages de Tintingue, de nos droits incontestables et incontestés sur Fort-Dauphin, et des arrangements signés plus tard, de 1858 à 1860, par l'amiral Fleuriot de Langle avec les tribus habitant le littoral de l'île, depuis Baly jusqu'à la baie Saint-Augustin, on voit qu'aujourd'hui la « totalité des côtes » de Madagascar nous appartient.

La conclusion de ces traités ne signifiait nullement que nos droits supérieurs, devant lesquels l'Angleterre s'était arrêtée en 1816, eussent été frappés d'une caducité quelconque. En les concluant, la France désirait simplement que ces droits qui, dans l'espèce, ne liaient et ne pouvaient lier que les nations civilisées, se trouvassent, si nous pouvons ainsi parler, reconnus par le droit malgache lui-même, c'est-à-dire d'accord avec le consentement authentiquement affirmé des populations.

On sait que c'est surtout parce que les Hovas ont voulu attenter, ces dernières années, à l'indépendance de nos alliés les Sakalaves, — dont les chefs sont nos pensionnés depuis quarante-trois ans, — et s'annexer leur territoire, qui est sous notre protectorat depuis 1842, que nous sommes actuellement en guerre avec eux.

TROISIÈME PARTIE

MADAGASCAR DE 1845 A NOS JOURS

CHAPITRE PREMIER

Reprise des relations commerciales avec Madagascar. — De Lastelle, Laborde, Lambert et le prince Rakoto. — Leurs idées. — M. Lambert à Paris et à Londres. — Le Rév. William Ellis. — Expulsion des Français et de tous les étrangers de Tananarive et de Madagascar.

En nous voyant prendre la question de Madagascar d'aussi haut, quelques-uns de nos lecteurs nous auront peut-être tout d'abord accusé de longueurs inutiles. Mais en y réfléchissant ils ont dû reconnaître que, pour exposer les droits historiques et diplomatiques de la France, et faire voir combien la population malgache était foncièrement bonne et assimilable, il nous était indispensable d'insister sur la période allant de 1642 à 1816. Il est évident en outre que, sans les évènements qui se sont déroulés à Madagascar de 1816 à 1845, il ne nous aurait pas été permis de bien mettre au jour les efforts de la politique anglaise pour nous dépouiller de cette belle contrée, et que nous n'aurions pu faire toucher du doigt combien cette puissance des Hovas qu'on nous oppose aujourd'hui est récente, artificielle, et de quel intérêt supérieur d'humanité il serait de la briser.

Qu'on nous permette donc d'achever notre aperçu historique ; c'est seulement lorsqu'il sera complet, que nous aurons tous les éléments dont se compose actuellement notre situation à Madagascar et qu'on pourra se prononcer sur la valeur des solutions proposées.

Étant donné l'usage que, depuis 1828, les Hovas avaient fait de leur hégémonie, on aurait dû supposer, disions-nous au précédent chapitre, qu'après 1845 l'Angleterre abandonnerait sa politique à Madagascar. Il n'est pas douteux, en effet, qu'il en aurait été ainsi, si elle eût été réellement animée des grands principes de civilisation dont elle se targue tous les jours de s'inspirer. Cette supposition était d'ailleurs d'autant plus admissible qu'avec le second Empire nous étions unis à elle par une alliance dont, pour ainsi dire, toutes les charges nous incombaient. N'eût-ce donc été qu'à titre de reconnaissance, tout aurait dû l'empêcher de nous troubler plus longtemps dans notre action légitime à Madagascar. Eh bien, c'est tout le contraire qui est arrivé. Pendant toute la durée de l'Empire, la lutte engagée par les Anglais contre la France, à propos de la grande île malgache, continua avec encore plus de passion qu'auparavant. Le gouvernement britannique y employa même des hommes qui devaient donner à la poursuite de ses compétitions un caractère de barbarie qu'elles n'avaient encore pas eu, et devant lequel Farquhar lui-même aurait certainement reculé.

Le côté curieux de la période historique dont nous allons en premier lieu nous occuper, et qui va jusqu'en 1863, consiste surtout dans deux tentatives pacifiques que la France fit avec le consentement des Hovas pour prendre pied à Madagascar.

On se rappelle qu'à la suite du bombardement de Tamatave, Madagascar avait été absolument fermée au commerce de l'Angleterre et de la France;—« Madagascar », c'est-à-dire la portion de l'île dominée par les Hovas. Cette interdiction dura huit ans, pendant lesquels ces derniers se suffirent à eux-mêmes.

Cependant, vers 1852, il y avait à la cour des Hovas deux de nos compatriotes qui y jouissaient d'un très grand crédit. L'un, M. de Lastelle, avait mérité la gratitude du gouvernement de Tananarive par la fondation à Madagascar de vastes établissements agricoles, et principalement pour lui avoir fourni une certaine quantité de canons, de poudre et de fusils. En une seule fois, il avait introduit dans l'île 10,000 fusils, et une seconde, 23,000.

L'autre, M. Laborde, d'Auch, avait su se rendre indispensable. Doué d'un génie industriel de premier ordre, il avait créé dans l'Ankova une fonderie de canons, des verreries, des faïenceries, des sucreries, une magnanerie, une indigoterie, des fabriques de rhum, etc. Dans toutes ces entreprises, qui enrichissaient le pays, il avait eu l'adresse d'intéresser la reine Ranavalo, laquelle, très avare, recevait chaque année, avec un plaisir extrême, la part de bénéfices qui lui revenait.

Le désintéressement et la loyauté de MM. de Lastelle et Laborde avaient dissipé les ombrages que tout autre qu'eux, dans la même situation, aurait infailliblement fait naître. Aussi la confiance qu'on avait en leur personne allait-elle chaque jour grandissant avec les services qu'ils rendaient. M. de Lastelle était le *factotum* de la reine. C'est lui qu'elle chargeait de toutes les acquisitions qu'elle avait à faire en Europe, et c'est à lui que s'adressaient les ministres quand ils avaient besoin d'armes. Quant à M. Laborde, il était aimé comme un père par le prince Rakoto, « l'héritier du trône », celui qui devait régner plus tard sous le nom de « Radama II ». Le prince Rakoto suivait en tout ses conseils.

Émerveillés des richesses naturelles de Madagascar, richesses dont l'exploitation était interdite par le gouvernement de Tananarive, toujours dans la crainte d'être un beau jour dépossédé de l'île par une nation d'Europe, ces deux hommes avaient formé un rêve : c'eût été de tranquilliser complètement les Hovas au sujet de leur domination à Madagascar, et cela en la leur faisant garantir plus ou moins diplomatiquement, puis d'attirer dans l'île les capitaux et les ingénieurs d'Europe, pour tout mettre en valeur au profit commun des Malgaches, des Hovas et des autres nations du globe. C'était, d'après eux, l'unique moyen, sans recourir à la guerre, de faire entrer Madagascar dans le courant du monde civilisé, et d'y fonder un état de paix et de bonheur dont le peuple hova, cruellement exploité par son gouvernement et les grands, aurait eu autant à profiter que les autres Malgaches, constamment en butte à la férocité et aux mauvais traitements de leurs vainqueurs. Les circonstances les avaient amenés à entretenir le prince Rakoto de ces idées, et ils étaient parvenus à les lui faire partager.

On ne peut nier que ce rêve ne fût beau. Il était digne de la nation dont MM. de Lastelle et Laborde étaient sortis, et ne pouvait que faire honneur à celui qui fut Radama II. Il était du reste conforme à la civilisation à la fois utilitaire et cosmopolito-humanitaire du xixe siècle.

On jugera, dans un instant, de ce qu'il devait devenir avec la politique perfide des agents du gouvernement britannique. Nous disons « les agents du gouvernement britannique », car nous nous refusons à rendre celui-ci personnellement responsable de tout ce qui s'est fait sous son nom.

L'Angleterre n'avait certainement aucune connaissance des idées agitées entre Laborde, de Lastelle et le prince Rakoto ; mais elle n'était pas sans être informée de l'influence que ces deux Français avaient à Emyrne. C'est pour cette cause sans doute qu'afin de pouvoir les combattre en cas de besoin, le ministère anglais n'hésita pas devant l'humiliation de souscrire aux conditions que les Hovas avaient toujours mises à la reprise des relations commerciales avec la France et l'Angleterre. Elles consistaient dans le paiement, entre leurs mains, d'une somme de 15,000 dollars (75,000 francs), chiffre auquel ils estimaient les dégâts causés à Tamatave par le bombardement de 1845. Les Anglais payèrent cette somme, mais sans oser nous demander d'y contribuer, bien que nos bâtiments dussent bénéficier au même titre que les leurs de la réouverture des ports malgaches. Il est à croire que les renseignements recueillis par le ministère britannique sur nos deux compatriotes le satisfirent tout à fait. Il n'y avait effectivement rien dans leur conduite qui pût les faire soupçonner d'intrigues politiques (1853).

Un fait qui se produisit vers cette époque va donner idée de l'attitude que le Foreign Office pourrait être accusé d'avoir recommandée à ses agents dans la question de Madagascar. En 1855, un ancien consul de France, M. d'Arvoy, avait commencé, à Bavatoubé, sur la côte N.-O. de l'île, un certain travail de fouilles, à propos des mines de charbon qui s'y trouvent. Il avait avec lui 80 ouvriers malgaches environ. Une nuit, ayant été attaqué par 1,500 Hovas envoyés de Tananarive, il est assassiné avec beaucoup de ses gens ; tous ceux que l'on fit prisonniers, parmi lesquels un blanc, furent vendus comme esclaves. C'était un acte de barbarie sauvage, contre lequel tout homme civilisé, sans distinction de nationalité, aurait cru de son devoir de protester. Le gouverneur anglais de Maurice adressa, au contraire, une chaleureuse lettre à la reine Ranavalo pour la féliciter de « la victoire qu'elle venait de remporter sur les Français ». Juste à la même époque, nos soldats mouraient sous les murs de Sébastopol pour la défense de la politique britannique en Orient!

Les idées de MM. de Lastelle et Laborde seraient peut-être indéfiniment demeurées à l'état de rêve, sans l'arrivée, en 1855 à Tananarive, d'un autre Français, M. Lambert, domicilié à Maurice, où il dirigeait une importante maison de commerce. Homme d'entrain et d'imagination, bien qu'appartenant à la race taciturne et placide de Bretagne, — il était né à Redon, — M. Lambert était venu à la capitale des Hovas, appelé par la reine elle-même, désireuse de le remercier en personne d'un signalé service qu'il avait rendu l'année précédente à son gouvernement. Grâce à lui, en effet, la garnison hova de Mazangaye avait été sauvée de la mort. Bloquée par les Sakalaves, sans Lambert qui l'avait approvisionnée de vivres par mer, il lui aurait été impossible d'attendre des secours, et elle aurait dû succomber.

Cette intervention toute spontanée de la part de Lambert lui avait valu l'accueil le plus enthousiaste à la cour de Tananarive: Ayant été mis par M. Laborde au courant des conversations qui avaient eu lieu entre M. de Lastelle, le prince Rakoto et lui, Lambert résolut de profiter de sa popularité présente pour brusquer la situation et amener le prince à prendre une décision nette et définitive. Il reprit l'affaire avec lui en présence de Laborde. Et comme il le trouva dans les mêmes dispositions, ils abordèrent ensemble la question de la mise en pratique et des voies et moyens, ce qui était le principal. Or, après discussion, tous les trois n'avaient pas tardé à se mettre d'accord sur cette opinion : que pour arriver à établir à Madagascar l'ordre de choses qu'ils désiraient, deux grandes mesures étaient nécessaires, l'une commerciale et industrielle, l'autre politique, sans lesquelles rien de pratique ne pouvait avoir lieu. Par la première, on devait concéder toutes les mines, toutes les forêts, toutes les terres non cultivées de l'île, à une grande société européenne qu'on créerait à un capital formidable et qui aurait pour mission de les faire valoir. L'autre devait offrir toute garantie de sécurité

à une compagnie de ce genre, en même temps qu'elle consoli-
derait à jamais l'hégémonie des Hovas sur les autres nations
de l'île : elle consistait à placer Madagascar sous le protectorat
d'un grand pays d'Europe.

En raison de nos droits séculaires, Rakoto, Lambert et
Laborde avaient reconnu et décidé que ce pays ne pouvait être
que la France. Le prince Rakoto s'était formellement engagé
vis-à-vis de ses deux amis à réaliser toutes ces idées, dès qu'il
monterait sur le trône.

A cette date (1855), la reine Ranavalo, d'un tempérament
maladif, était âgée de soixante-quatorze ans. Ayant éprouvé
un accident qui permettait de penser que son fils pouvait être,
d'une année à l'autre, appelé à lui succéder, le prince Rakoto
jugea à propos de charger M. Lambert, qui devait se rendre à
Paris, en quittant Tananarive, de profiter de son voyage pour voir
expressément Napoléon III et lui soumettre les projets sur lesquels ils venaient de se concerter. Le prince désirait, avec raison,
connaître le plus tôt possible les intentions de l'empereur, afin,
le moment venu, d'inaugurer son règne en conséquence.

Nous n'avons pas besoin de dire avec quelle joie patriotique
Lambert s'embarqua pour la France. Il se voyait apportant à son
pays cette île merveilleuse, dont il avait été mieux en situation
que personne d'apprécier toute la valeur, et la lui apportant avec
l'assentiment même des Hovas, contre lesquels nous nous étions
vainement heurtés en 1821, en 1829 et en 1845. Dès son arrivée à Paris, il n'eut donc rien de plus pressé que de solliciter
une audience de Napoléon III pour remplir sa mission. Ce fut
également avec une vive satisfaction que l'empereur accueillit
les propositions dont Lambert était le porteur, c'est-à-dire le
protectorat de la France sur Madagascar et la création d'une
grande compagnie. Il ne mit à son acceptation qu'une seule condition : le consentement de l'Angleterre. Napoléon III était alors
dans le beau feu de son alliance anglaise, et pour rien au monde
il n'aurait voulu faire quelque chose pouvant froisser les
susceptibilités britanniques. Cette raison le détermina à demander à M. Lambert de se rendre à Londres, pour conférer
de la question avec le ministre du « Foreign Office », lord Cla-

rendon, l'autorisant à dire à ce dernier que, comme gage du bon vouloir de la France, la Compagnie de Madagascar serait composée mi-partie de Français et mi-partie d'Anglais. On ne pouvait, comme on voit, marquer plus d'esprit de conciliation.

Naïvement persuadé qu'aucune difficulté ne pouvait surgir du côté de l'Angleterre, Lambert partit immédiatement pour Londres, mais dans l'entretien qu'il eut avec le ministre anglais, avec une imprévoyance que tous les hommes politiques lui reprocheront il commit la faute irréparable de se laisser entraîner à exposer par le menu la situation polilitique de Madagascar ainsi que les intentions du prince Rakoto. C'était d'une imprudence extrême. Lord Clarendon commença par prendre note de ce que Lambert voulait bien lui apprendre, puis il termina la conversation en déclarant que l'établissement du protectorat de la France à Madagascar pourrait inquiéter l'opinion publique anglaise, et qu'à son grand regret il se voyait, pour cette raison, dans l'impossibilité d'y donner son adhésion. Cette réponse coupait court à la négociation ouverte par Lambert avec Napoléon III. Les choses en effet n'allèrent pas plus loin, l'empereur ne voulant à aucun prix contrarier ses alliés les Anglais.

Mais malheureusement elles n'en devaient pas rester là pour l'Angleterre. Car à peine M. Lambert était-il sorti du ministère, que lord Clarendon y faisait appeler un pasteur méthodiste, le fameux William Ellis, l' « alter ego » du non moins fameux Pritchard dans les affaires de Taïti en 1847, missionnaire que sa haine pour la France devait entraîner plus tard à de véritables crimes de lèse-civilisation et de lèse-humanité. William Ellis connaissait Madagascar pour y avoir été chargé, en 1853, de rétablir les relations entre les Hovas et l'Angleterre. Que se passa-t-il entre le ministre et lui? Il serait difficile de le dire. Ce que l'on sait toutefois, c'est que William Ellis s'embarquait incontinent pour Madagascar, ne cachant point qu'il s'y rendait pour détruire dans l'œuf les projets dont Lambert avait eu la malencontreuse légèreté de donner connaissance aux Anglais.

Une fois à Tananarive, Ellis n'eut pas en effet d'autre préoccupation que celle-là. Mais on doit dire qu'il ne se mit pas en grands frais de diplomatie pour arriver à ses fins. Dès qu'il eût pris langue avec quelques Hovas que les missionnaires anglais du temps de Radama Ier avaient convertis au christianisme, Ellis ne jugea rien de plus efficace que d'organiser par leur entremise une délation habile. Et un beau matin, la reine et les ministres étaient prévenus que les Français établis à Tananarive avaient ourdi une vaste conspiration pour les renverser du pouvoir et les faire périr. Les dénonciateurs désignaient en toutes lettres MM. Laborde et Lambert comme chefs et instigateurs du complot.

Nous laissons à penser l'effet que dut produire cette nouvelle, que le révérend Ellis avait d'ailleurs su faire agrémenter de détails effroyables. Elle jeta le gouvernement dans une panique indescriptible. On procéda sur l'heure à l'arrestation des Français et de tous les blancs alors dans la capitale ; on saisit et l'on confisqua leurs biens, et leur expulsion immédiate fut décrétée. Mais afin que cette expulsion équivalût à la peine capitale, devant laquelle on reculait, on mit cinquante jours à les conduire à la côte, quand dix auraient suffi, en ayant soin de les faire passer par les endroits les plus malsains. On espérait par ce moyen qu'ils contracteraient les fièvres et qu'aucun d'eux n'en réchapperait (juillet 1857).

L'émotion de la reine Ranavalo et de ses ministres, à la pensée qu'un complot de ce genre avait pu se tramer dans leur pays, fut loin d'être calmée par l'éloignement des Français et des étrangers. Leur terreur subsista aussi grande qu'au premier moment. Ils voyaient des conjurés partout et vivaient dans des transes continuelles. En fin de compte, ayant besoin d'avoir des gens sur qui frapper, la colère du gouvernement se tourna contre les chrétiens hovas, qu'il soupçonnait d'avoir été de connivence avec Lambert et Laborde. Et comme en fait de chrétiens il n'y avait que des protestants, les coreligionnaires du révérend Ellis payèrent pour son indigne conduite. Tous les Hovas suspectés de christianisme furent massacrés, faits esclaves ou dépouillés de tout ce qu'ils possédaient. Depuis, la mission anglaise de Madagascar a élevé des églises en l'honneur des victimes de cette sanguinaire persécution, qui dura plus de trois années; mais il n'est pas inutile de rappeler que ces malheureux ont été beaucoup plus martyrs de William Ellis que de la reine Ranavalo.

La conduite que lord Clarendon et le révérend Ellis tinrent, chacun de son côté, dans cette circonstance, peut se mentionner. mais nous n'y insisterons pas. Disons cependant qu'à la même date, la France donnait à l'Angleterre les plus grandes facilités pour comprimer son insurrection des Indes, et que nous préparions avec elle cette expédition de Chine qui devait lui permettre d'obtenir de l'Empire du Milieu un traité de commerce des plus avantageux.

CHAPITRE II

Avènement de Radama II. — Alliance de Radama II avec la France. — Constitution de la Grande Compagnie de Madagascar (1863). — Nouvelles
machinations du Rév. Ellis. — Meurtre de Radama. — Abolition de la
charte de concession. — Dénonciation par les Hovas du traité conclu
entre la France et Radama.

Notre intention n'est point de charger ici la mémoire du
révérend Ellis, dont nous ne nous occupons d'ailleurs qu'en raison du rôle qu'il a joué à Madagascar. Il avait toutefois une
trop grande connaissance des Hovas pour ne pas savoir qu'à
moins d'un miracle, le meurtre du prince Rakoto, de Laborde
et de Lambert, devait être la conséquence inévitable de ses
machinations. Nous ne rechercherons donc point si, par sa délation, il eut moins en vue de provoquer leur mort que de les éloigner. Une chose cependant était manifeste, du moment que ces
trois personnes s'en étaient tirées avec la vie sauve, c'est que,
en dépit du mal qu'il s'était donné, le Révérend Ellis n'avait pu
aboutir qu'à retarder les évènements, puisque toutes les proba-
bilités étaient que, le jour où Rakoto deviendrait roi, il n'hé-
siterait pas à reprendre les mêmes idées pour les mettre à exécution. C'est effectivement ce qui eut lieu.

La reine étant morte le 14 août 1861, le premier acte de
Rakoto, proclamé roi sous le nom de Radama II, fut en effet de
rappeler à Tananarive ses amis Lambert et Laborde, alors à la
Réunion ou à Maurice, et de travailler de suite avec eux à l'accomplissement du plan qu'ils s'étaient autrefois tracé.

En premier lieu, Lambert fut nommé par Radama son représentant en Europe, et reçut à son nom la charte de concession
pour la formation de la Compagnie. Et comme ils ne voulaient

pas s'attirer l'hostilité de l'Angleterre, il fut convenu entre eux qu'on abandonnerait l'idée d'un protectorat déclaré de la France, dont elle n'avait pas voulu en 1856. Mais — d'accord en cela avec Radama et Laborde, Lambert avait promis de tourner la difficulté et d'arriver à peu près au même résultat, simplement en faisant don à Napoléon III de la Charte de concession. Charte de concession qui en donnant à celui-ci le droit d'organiser la Compagnie à sa guise, lui permettait en fait de mettre indirectement la main sur le pays.

Ainsi, la fortune qui nous avait été jusque-là si contraire, semblait enfin disposée à nous favoriser. Les seuls obstacles que, depuis 1821, nous avions rencontrés à Madagascar même, c'est-à-dire chez les Hovas, s'étaient aplanis pour ainsi dire d'eux-mêmes. Radama II venait à nous. Tout nous donnait la certitude que Madagascar, cette fois, ne nous échapperait pas.

Mais des fautes furent commises, et nous devions d'ailleurs succomber de nouveau sous les intrigues des Anglais.

Nous ne voulons point discuter les sentiments élevés auxquels obéissaient Radama II, M. Lambert et M. Laborde, ni le désintéressement ou le côté pratique de leurs idées; quand on songe néanmoins à ce qui s'est passé à partir de l'avènement de Radama, on ne peut se défendre d'une réflexion pénible. C'est que tous les trois ont fait preuve d'une inconcevable inexpérience et d'un défaut absolu d'esprit politique. On s'imaginerait être avec eux en face de visionnaires et d'illuminés.

Avec des ennemis comme les Anglais, et les évènements de 1856 et de 1857 avaient montré qu'il fallait s'attendre à tout de leur part; avec un adversaire du genre du révérend Ellis, sur les scrupules duquel ils avaient été payés pour ne faire aucun fond et qui était accouru de Maurice à Tananarive dès la première nouvelle de la mort de la reine, — tout aurait dû leur conseiller la prudence et une circonspection extrême, à moins qu'ils ne voulussent accumuler autour de leur œuvre de terribles difficultés. Au contraire, ils opérèrent avec une précipitation enfantine, coalisant à plaisir contre ce qu'ils entreprenaient tous ceux que leurs réformes étaient susceptibles d'inquiéter ou qui pouvaient avoir à en souffrir, se créant des inimitiés dans la population elle-même, — sans avoir pris la précaution d'organiser une force sur laquelle, en tout état de cause, ils pussent compter.

On n'a pas oublié qu'à la mort de Radama Ier, le gouvernement des Hovas était devenu oligarchique. Mais ce qu'il faut savoir, c'est qu'à la longue la conduite des affaires s'était éternisée dans les mains de la famille Rainiharo, laquelle, par deux de ses membres qui s'étaient succédé dans la charge de commandant en chef de l'armée ou de premier ministre, avait en réalité gouverné pendant tout le règne de Ranavalo, c'est-à-dire durant trente-trois ans. Radama II commit l'imprudence de rompre ouvertement, non seulement avec cette famille, mais encore avec la plupart des grands, dont elle s'était toujours fait un devoir pendant ce long règne de rechercher le concours. A cette première erreur il en ajouta une seconde : ce fut de s'entourer, pour ainsi dire, exclusivement d'hommes nouveaux. De la sorte, une foule de familles riches, puissantes et fières, sentirent que, tant que durerait le gouvernement de Radama, elles seraient privées de tout pouvoir et de tout crédit. William Ellis se rapprocha des membres du gouvernement précédent et forma alliance avec les Rainiharo.

La corvée était et est encore une des plaies de Madagascar. Sur la réquisition de la reine, des ministres ou des grands, pendant des mois et souvent à une distance de plusieurs semaines de leurs villages, les gens du peuple sont astreints à de pénibles travaux sans aucune rétribution et avec l'obligation, au contraire, pendant tout le temps de la corvée, de s'entretenir et de se nourrir à leurs frais. Radama supprima la corvée, ce qui mettait contre lui toutes les hautes classes qui en bénéficiaient. C'étaient autant de renforts pour le parti d'opposition dont les Rainiharo, à l'instigation d'Ellis, rassemblaient les éléments.

Les douanes n'étaient pas seulement l'unique source de revenus du gouvernement hova ; les postes douaniers constituaient une certaine quantité de places lucratives, permettant à ceux qui en étaient pourvus de faire fortune, sinon au moyen de dilapidations, du moins par les présents que les traitants étaient dans l'usage d'offrir. Radama II décréta l'abolition des douanes et l'entrée, comme la sortie, en franchise de tout objet de commerce. Du même coup, le gouvernement se privait de la majeure partie de ses ressources, tout en s'attirant la haine de ceux à qui les douanes donnaient la possibilité de s'enrichir.

Une autre loi accorda à tous les étrangers, de quelque pays qu'ils fussent, le droit de séjourner ou de circuler librement à Madagascar, sans autorisation préalable. Si l'on réfléchit que, depuis trente-trois ans, le gouvernement avait eu pour système d'entretenir le mépris et la crainte des étrangers, on devine aisément les inquiétudes et le trouble qu'une pareille mesure dut causer dans la masse ignorante de la population.

Depuis plus de vingt-cinq ans, il suffisait d'être convaincu de christianisme pour être frappé de mort ou expulsé de toute fonction. D'un seul trait, Radama reconnut aux blancs, comme aux indigènes, le droit de prêcher la religion chrétienne. Les inconvénients pouvant résulter de cet acte impolitique se doublaient encore de l'animosité qu'il devait infailliblement soulever chez les prêtres et les adeptes de la religion nationale.

Comble enfin de la maladresse : dans une cérémonie solennelle, on demanda à Radama d'apposer pour la seconde fois sa signature au bas de la charte de concession. Ce fut sous prétexte d'ajouter, pour la future Compagnie de Madagascar, la faculté d'ouvrir des routes, des canaux, d'établir des ports et même de battre monnaie pour le compte du gouvernement, toutes choses sur lesquelles le projet primitif se taisait. Nous laissons à penser quelles préventions il était possible de semer dans l'esprit public, avec cette charte, sur laquelle on faisait inutilement du bruit. Le vieux parti hova, stylé par le révérend Ellis, s'empressa effectivement de la présenter comme une expropriation pure et simple du pays au profit des étrangers, etc.

Nous ne citons ici que comme exemple quelques-unes des lois faites par Radama, en indiquant *grosso modo* le parti que des conspirateurs habiles pouvaient en tirer. Mais, nous ne saurions trop le redire, l'inconcevable, c'est que MM. Lambert et Laborde aient laissé ce malheureux roi s'engager dans une pareille voie, quand, nous le répétons, en cas d'émeute ou de résistance à ses réformes, il ne disposait pas de la moindre troupe pour lui servir d'appui.

Pendant que ces choses se passaient à Madagascar, M. Lambert, envoyé par Radama, était à Paris où il ne faisait pas de meilleure besogne. Partout on le rencontrait nouant intrigues sur intrigues, dans le but de faire adopter une « combinaison » qu'il préconisait comme devant assurer à la France la possession complète de Madagascar, sans exciter le moindre mécontentement chez les Anglais.

Du moment où il s'agissait pour la France de s'occuper de Madagascar, il est de la dernière évidence que nous ne le pouvions qu'en vertu de nos anciens droits, et que c'était avant tout sur eux qu'il fallait nous fonder. D'après cette « combinaison », au contraire, ces droits devaient être passés sous silence et l'on ne devait plus parler que de la charte de concession signée de Radama, par cette raison que Lambert ayant cédé à Napoléon III la charte avec tous ses privilèges, il ne dépendait plus que de ce dernier de constituer la Compagnie de façon que, sous son couvert, la grande île malgache passât à jamais au pouvoir de notre pays.

Le plan de Lambert reposait donc en somme sur cette hypothèse toute gratuite : que l'Angleterre, dont l'existence de nos anciens droits n'avait pas un seul instant découragé les prétentions sur Madagascar, s'inclinerait devant ceux que nous tiendrions d'une charte de concession émanant d'un roi des Hovas. C'était puéril, à moins que ce ne fût absolument insensé.

Mais ce qu'il y eut peut-être encore de plus étrange dans cette singulière « combinaison », c'est que les conseils de l'Empire y donnèrent tête baissée et que, pour la rendre réalisable, le gouvernement impérial n'hésita point à apporter dans notre politique traditionnelle à Madagascar les changements les plus essentiels.

Sur les insistances de Lambert en effet, l'empereur se départit à l'égard des Hovas, de la conduite qu'en tant que gouvernement la France avait toujours tenue à leur sujet, passant ainsi, sans que nous parussions nous en douter, à l'ancienne politique de Farquhar vis-à-vis du gouvernement de Tananarive. Nous reconnûmes d'abord Radama « comme roi de Madagascar ». Cette reconnaissance, il est vrai, fut faite avec la mention expresse : « *sous la réserve des droits de la France* », ce qui, en droit diplomatique, impliquait sinon la médiatisation de Radama, au moins l'affirmation indirecte de notre suzeraineté sur lui et le maintien de nos droits spéciaux sur les territoires de l'île qu'il ne dominait pas. Mais, pour n'être qu'une concession de forme, ce n'en était pas moins là une concession considérable, qu'aucun gouvernement sérieux n'aurait dû se permettre. La concession la plus grave cependant, c'est que nous acceptâmes de signer avec Radama un traité d'après lequel l'île était ouverte au monde entier sans que la France, en raison de la situation exceptionnelle qu'elle tenait de ses droits, réservât pour ses nationaux la moindre parcelle des privilèges dont les pays civilisés ont toujours eu exclusivement la jouissance dans les contrées coloniales qui leur appartiennent. En somme, c'était la France faisant abandon de l'île de Madagascar en considération de la Compagnie à créer. Elle la « cosmopolisait », si nous pouvons ainsi dire. Et en échange, nous ne gardions pour nous que le droit illusoire de nommer le gouverneur de la future Compagnie, comme pour la Banque de France ou le Crédit foncier.

L'Angleterre n'aurait pas eu pour principe de politique coloniale la maxime qu'on lui a si souvent reprochée : « *Tout pour moi ; sinon, rien pour personne,* » que la « combinaison Lambert » lui aurait paru des plus satisfaisantes, et qu'elle aurait cru de son devoir de dresser une statue à son auteur; d'autant plus que l'empereur lui avait fait offrir de souscrire la moitié des 50 millions auxquels devait s'élever le capital de la Compagnie. Mais ce n'était pas tant la crainte de voir Madagascar à la France. que le désir d'en être elle-même maîtresse, qui dirigeait la politique anglaise depuis 1817.

Aussi qu'arriva-t-il? Tandis que l'Empire se conduisait avec un désintéressement aussi condamnable ; tandis que cette Compagnie de Madagascar qui, en moins de trente années, aurait transformé l'île et versé sur elle tous les bienfaits de la civilisation, commençait à se constituer ; tandis que l'empereur nommait son gouverneur; tandis qu'elle ordonnait des études et des explorations; tandis qu'elle envoyait un personnel d'ingénieurs d'élite

à Tamatave, à Vohémar, à Diego-Suarez, à Bavatoubé, — le révérend Ellis, mettant le dernier sceau à l'entente qu'il avait con-
tractée avec la famille Rainiharo et le vieux parti hova, ne reculait
pas, lui ministre de l'Évangile, devant une alliance avec les « Om-
biaches », les « Sikidys », et les autres prêtres des idoles hovas.
Et le 7 mai 1863, un soulèvement formidable, qui dura six jours
éclatait dans la capitale. Le palais de Radama était envahi. Les
conjurés, qui prenaient publiquement à chaque heure le mot
d'ordre d'Ellis, exigeaient du roi qu'il fît périr ses amis et
qu'il déchirât ses traités avec la France. Radama II s'y étant
refusé, était purement et simplement étranglé (12 mai 1863).
Puis, de même qu'il était arrivé avec l'épouse de Radama Iᵉʳ, sa
femme était proclamée reine sous le nom de Rasoahérina, et
l'un des fils du vieux Rainiharo de 1828, nommé Raïnivou-
ninahitrinioni (*le père de la fleur des fleuves*), était choisi pour
premier ministre, ou commandant en chef de l'armée, et devenait le jour même son époux.

Ainsi finit ce que l'historien de Madagascar qui ne se paiera
ni d'illusions, ni d'intentions louables, appellera « l'aventure
Lambert, Laborde, Radama II et Napoléon III ». Aventure qui,
par son caractère chimérique, se rapproche dans une certaine
mesure de celle des Lacase, des Labigorne, des Bényowski, des
Jean René, voire même des Robert Farquhar, tant il semblerait
vraiment que tout ce qui touche à Madagascar doit tenir par
quelque chose à l'invraisemblable, au fantastique et au roman.

Certes, nous ne voulons pas accuser Laborde et Lambert, qui
n'étaient que d'honorables trafiquants, dont le seul tort fut de
vouloir jouer aux diplomates et aux hommes d'État. Mais ceux
que l'on doit sévèrement blâmer, ce sont les hommes du second
empire qui, en se laissant influencer par eux, seraient arrivés à
nous faire perdre nos droits historiques et diplomatiques sur
Madagascar. Et c'est effectivement ce qui aurait eu lieu si, le
lendemain de la révolution, en nous déclarant qu'ils considéraient comme non avenus la charte de concession et le traité
passé entre la France et Radama II, les Hovas ne nous avaient
rendu le service involontaire de rétablir le *statu quo ante*.

Quoi qu'il en soit, avec le meurtre de Radama, c'était la

quatrième fois, en quarante années, que les menées anglaises
nous empêchaient de prendre plus ou moins indirectement
possession de Madagascar.

Au même moment, nous accordions à l'Angleterre ces traités
de commerce qui lui livraient nos marchés intérieurs ; et leur
fidèle allié, Napoléon III, essayait de fonder au Mexique un
empire qui, en donnant la main aux esclavagistes du Sud, aurait
entravé pour des siècles l'avenir industriel et commercial des
États-Unis, et conservé indéfiniment de la sorte aux Anglais
leur prépotence économique et maritime.

CHAPITRE III

Si le meurtre de Radama n'avait eu pour conséquence que de remettre les choses dans l'état par exemple où elles étaient du temps de Ranavalo, il n'y aurait eu que demi-mal. Il est même probable que ce sinistre évènement aurait fini par nous faire voir qu'il n'y avait chance pour nous de réussir à Madagascar qu'à la condition de prendre les indigènes non hovas comme base d'opération. Son résultat fut au contraire de permettre aux Anglais d'acquérir une situation de beaucoup supérieure à celle dont ils avaient joui antérieurement, de 1817 à 1828. Cette situation est même devenue tellement prépondérante aujourd'hui, que si nous ne devions pas mieux nous conduire que par le passé, il faudrait regarder Madagascar comme destinée avant peu à devenir une possession britannique.

Dès le lendemain de la révolution, le vieux parti hova, dont le révérend Ellis avait été l'âme, était tombé dans une terreur indicible. Inquiet, isolé, ne pouvant se faire à l'idée que la France ne tirerait aucune vengeance de ce qui venait d'avoir lieu, il s'était rejeté du côté du missionnaire anglais. Et ce dernier, qui se donnait ouvertement pour l'agent du Foreign Office, s'était engagé à obtenir que l'Angleterre s'opposerait à toute expédition de la France. Il ne demandait en retour qu'une seule chose, c'est que le nouveau gouvernement dénoncerait le traité passé avec les Français, et que la charte Lambert serait aboli.

Nous eussions seulement fait mine d'énergie que les Hovas, fermant l'oreille aux conseils intéressés du révérend Ellis, auraient consenti sur l'heure au maintien de tout ce que Radama avait signé. Mais nous étions alors au Mexique. Puis il est probable que les influences puissantes dont l'Angleterre disposait à la cour des Tuileries, et que l'on avait vues à l'œuvre quelque temps auparavant avec les traités de commerce, durent se donner carrière en conséquence. Toujours est-il qu'à l'étonnement général, le second Empire n'éleva aucune réclamation au sujet du refus par les Hovas de tenir compte de son traité avec Radama et de la charte Lambert. L'annulation de l'un et le retrait de l'autre furent acceptés par lui comme des évènements inéluctables devant lesquels, en bon joueur, il n'y avait qu'à s'incliner. L'unique demande qu'il formula fut celle d'une indemnité de 1,200,000 francs en faveur des capitalistes lésés par l'abolition de la charte Lambert. Ces 1,200,000 francs, par parenthèse, toutes dépenses payées, permirent aux premiers souscripteurs de la Compagnie de rentrer intégralement dans leurs fonds, et de toucher en plus un dividende de 15 p. 100.

Il peut se faire cependant que cette conduite de l'Empire ait beaucoup moins eu pour cause nos embarras du Mexique ou les manœuvres des partisans quand même de l'alliance anglaise, que le désir d'effacer ce que sa condescendance impardonnable pour M. Lambert lui avait fait faire. En tous cas, ce qu'on ne saufois imaginer, c'est l'habileté extrême avec laquelle le révérend Ellis exploita cette inaction de notre part. Il l'expliqua aux Hovas par les menaces que son gouvernement nous avait adressées et la terreur que les Anglais nous inspiraient. Elle fut pour lui un argument irrésistible et il en abusa pour faire sonner très haut la puissance de sa nation. Aussi, en quelques semaines, réussit-il à convaincre les Hovas que, si la Grande-Bretagne cessait un seul instant d'être leur rempart contre la France, c'en serait bientôt fait de leur indépendance et de leur suprématie.

Le crédit qu'Ellis parvint de la sorte à faire accorder aux

Anglais était d'autant plus réel et sérieux qu'en somme les grands étaient persuadés qu'avec la France, la plupart des mesures démocratiques dont ils s'étaient effrayés sous Radama ne manqueraient pas d'être reprises, et qu'ils devraient dire adieu à tous leurs privilèges.

CHAPITRE IV.

Ligne de conduite toute nouvelle adoptée depuis 1863 à Madagascar par les Anglais. — Ils s'occupent de conquérir Madagascar par leurs missionnaires, et d'amener le monde entier à ne voir dans cette île qu'une colonie protestante. — Ils poussent à la désorganisation de l'armée hova. — Ils s'arrangent pour maintenir le pouvoir dans une même famille, dont ils se sont fait une créature. — Enfin, ils préparent tout pour l'établissement de leur protectorat.

Les Anglais, il n'est pas nécessaire de le dire, n'étaient pas gens à négliger des circonstances aussi favorables. Mais désirant que les résultats auxquels ils arriveraient fussent cette cette fois complètement définitifs, le lendemain même de la mort de Radama, ils résolurent d'adopter à Madagascar une tactique toute nouvelle qu'il nous faut signaler à nos lecteurs comme un modèle du genre ; car si nous n'avions pas pris les armes en 1883, elle leur aurait indubitablement permis d'arriver au but qu'ils poursuivent depuis 1817. En parlant de tactique toute nouvelle, nous n'entendons pas dire que la politique de l'Angleterre ait discontinué, depuis 1863, de pivoter sur les Hovas « souverains de Madagascar et de ses dépendances », et qu'elle ait renoncé à leur intermédiaire pour mettre la main sur l'île. A ce double égard, au contraire, la Grande-Bretagne est plus que jamais restée fidèle aux vues de Robert Farquhar. Nous voulons simplement parler de moyens tout nouveaux, auxquels l'ancien gouverneur de Maurice n'avait pas songé.

De nos jours en effet, les conditions internationales ne sont plus les mêmes que sous la Restauration ou le gouvernement de Juillet. A cette époque, l'Angleterre gouvernementale ne répugnait pas vis-à-vis de la France à une attitude méprisante et franchement hostile. Mais depuis, d'immenses transformations se sont produites dans l'état des peuples. La marine des États-Unis a pris une extension formidable. La Russie confine aux Indes. Deux nations se sont constituées : l'Italie et l'Allemagne, qui prétendent à faire quelque figure sur les mers. A cette date de 1863, depuis trois années déjà, nous avions avec les Anglais des traités de commerce extrêmement profitables pour leurs négociants. On comprend donc que, depuis une trentaine d'années, le gouvernement britannique se sente dans l'obligation politique de ménager nos susceptibilités.

La situation du monde est effectivement telle, que l'Angleterre a des conflits d'intérêts avec presque toutes les nations, et qu'avec le Canada, ses possessions du Cap, son empire des Indes, l'Irlande et même l'Australie, elle est à la merci d'une bataille navale. Il est donc tout rationnel, nous le répétons, que pour nous déposséder d'un pays à nous, elle ait compris la nécessité d'y mettre des précautions qu'elle aurait dédaignées auparavant, et d'y employer les moyens les plus détournés.

D'ailleurs, elle n'avait pas perdu le souvenir qu'en 1828 le gouvernement hova avait expulsé les Anglais de Madagascar. Pour que la même chose ne se renouvelât point, la prudence la plus élémentaire lui conseillait également de ce côté, de manœuvrer avec les Hovas avec moins de confiance et beaucoup plus de circonspection qu'autrefois.

Tels sont, en résumé, les deux ordres de considérations sous l'empire desquels, à partir de 1863 surtout, l'Angleterre jugea nécessaire de modifier sa conduite à Madagascar.

Depuis le commencement du siècle, toutes les fois que le gouvernement anglais a voulu empiéter sur les droits d'autrui, son habitude a toujours été de se couvrir d'un masque quelconque de liberté, d'humanité ou de religion. On a vu qu'en 1817, ç'avait été sous couleur d'abolition de l'esclavage qu'au mépris de tous les droits internationaux, son premier traité avait été signé avec Radama. Eh bien, depuis 1863, tous ses efforts ont hypocritement tendu à faire croire que l'intérêt spécial qu'il pouvait paraître prendre à Madagascar, reposait uniquement sur des motifs de propagande évangélique et de conversion religieuse. Dans le traité qu'il passa avec les Hovas, quelque temps après le meurtre de leur infortuné roi, on trouverait à peine autre chose. Il n'y est, à proprement parler, question que de liberté du culte protestant et du droit pour les étrangers, comme pour les indigènes, de propager le protestantisme dans l'île.

Mais à peine ce traité était-il ratifié, qu'on pouvait entrevoir le bout de l'oreille. Personne n'ignore que les missionnaires anglais ne sont que des agents diplomatiques spéciaux, dont le gouvernement britannique se sert sous le couvert de la Société des Missions évangéliques, les lançant indifféremment dans tous les pays coloniaux, tantôt en éclaireurs, tantôt pour susciter des embarras aux autres gouvernements. Or, dès le lendemain du traité, la mission anglaise de Madagascar recevait une organisation des plus larges. Des ressources énormes étaient mises à sa disposition; en quelques années, elle formait toute une armée de prédicants, et chaque village quelque peu important voyait venir habiter chez lui un ou plusieurs membres de la congrégation. Le mot d'ordre donné était de convertir le plus possible, de convertir à outrance. Rien, depuis vingt ans, n'a été et n'est épargné dans ce but. Bastonnades, corvées, menaces, service militaire obligatoire pour les Hovas ou les autres Malgaches qui restent sourds à la bonne parole, tels ont été et sont encore les moyens de persuasion préférés de ces pieux clergymen. Il n'a pas été rare de leur voir baptiser en bloc des villages entiers, sans que les habitants pussent s'expliquer par quelle vertu les simagrées dont on les rendait quelques instants l'objet, pouvaient les transformer sur l'heure en autant d'adeptes du protestantisme.

Tous les jours, au reste, les méthodistes dépensent tant de zèle inconsidéré pour la conversion, et la conduite de la mission protestante à Madagascar a été si souvent outrageante pour la morale chrétienne, que les Européens, anglicans ou autres, qui les ont vus à l'œuvre, ont toujours parlé d'eux avec un véritable mépris. C'est au point que le consul britannique de Tamatave, — celui-là même dont, à la prise de cette ville, on accusait le brave amiral Pierre d'avoir causé la mort, — a tenu avant de mourir à se convertir publiquement au catholicisme, et que sa femme, à la grande colère du commandant Johnstone, a mieux aimé déposer ses valeurs dans le navire amiral français que dans le navire anglais. Tous les deux avaient cru de leur devoir de réprouver hautement le rôle du protestantisme à Madagascar et les intrigues inavouables que le pavillon britannique était venu y couvrir.

Par ce système de conversion en masse, l'intention du gouvernement anglais n'était pas seulement d'envelopper toute la population hova dans un réseau de clergymen dévoués sur lesquels il aurait toujours la main. S'étant parfaitement rendu compte que quelques Hovas, convertis de 1821 à 1835, avaient suffi au révérend Ellis pour provoquer la révolution de palais où Radama II avait trouvé la mort, il cherchait également par cette propagande à se procurer toute une armée susceptible d'être déchaînée contre la France, dans le cas par exemple où nous voudrions un jour nous installer dans le pays, et y faire valoir nos droits.

Mais ce dont le gouvernement anglais s'est spécialement préoccupé, et en cela il faut convenir qu'il a fait preuve d'une remarquable adresse, ç'a été de faire passer Madagascar, aux yeux des protestants de l'univers entier, pour la terre bénie du protestantisme, pour une Sion nouvelle, en un mot pour une manière de « missions du Paraguay » des disciples de Luther et de Calvin.

On devine les avantages que la politique anglaise attendait d'une semblable idée répandue partout : elle comptait que tous les pays de confession évangélique seraient de la sorte rendus hostiles à l'occupation de cette île par la France « catholique », et que son annexion à l'Angleterre aurait par là des chances de trouver des appuis dans un certain nombre de contrées du monde, notamment aux États-Unis, en Allemagne, en Suisse, en Suède et en Norvège, voire même en France, — en France chez la plupart des libres penseurs comme chez les protestants, lesquels poussés à ne voir dans la question de Madagascar qu'une simple affaire de confession religieuse, finiraient par s'en désintéresser par rapport à la politique de leur pays.

Aussi rien ne saurait-il faire concevoir tout le mal que s'est donné l'Angleterre pour que, dans le monde entier, on n'envisageât Madagascar qu'à cet unique point de vue.

Depuis quinze ans, c'est par ballots que tous les pays que nous venons de nommer sont inondés de publications protestantes anglaises, dont l'unique thème est de décrire les dangers que les succès de la France à Madagascar feraient courir à la « Nouvelle Église ». Un simple fait prouvera le degré auquel les passions religieuses ont été excitées à cet égard. Nous l'empruntons à la préface de la traduction française d'un livre écrit sur Madagascar. Voici ce qu'on peut lire à la fin de cette préface, sous la signature d'un ministre protestant « français », dont on nous pardonnera de ne point publier le nom : « Si, dit-il, laissant de côté la question politique, nous nous plaçons au point de vue religieux, nous sommes obligé de reconnaître qu'il est heureux pour le vrai bien de Madagascar que l'influence anglaise ait prévalu dans cette île sur celle de la France, et le christianisme évangélique sur celui de Rome (1). » Comme ces paroles, qu'on ne saurait trop déplorer, attestent bien qu'à quelque secte qu'ils appartiennent tous les hommes d'église sont les mêmes, et que, pour eux, les intérêts de la patrie disparaissent dès que leurs affaires religieuses sont en jeu ! Si les écrits de la Société des missions anglaises ont pu faire oublier à un de nos pasteurs français ce qu'il devait à son pays, qu'on juge de l'habileté et de la perfidie de la propagande, qu'on suppute par là les animosités qu'avec la question de Madagascar les méthodistes ont dû soulever contre nous à l'étranger.

Ce caractère de colonie protestante, que les Anglais se sont efforcés de faire donner à la grande île malgache, explique les secours que les derniers ambassadeurs hovas sont allés demander aux deux nations protestantes par excellence : l'Allemagne et les États-Unis. Mais aucune de ces puissances n'a été dupe de la manœuvre. Elles savent si bien, — ce qu'aucun protestant français ne devrait ignorer, — que le protestantisme hova n'est qu'une organisation politique destinée à préparer l'annexion de Madagascar à la Grande-Bretagne, que notre expédition ac-

(1) *Madagascar et ses habitants*, par James Sibrée, Toulouse, 1873.

tuelle a reçu de leur part des marques ouvertes de sympathie.
L'Allemagne est même allée jusqu'à placer ses nationaux
sous la protection de la France pour toute la durée des opérations.

Mais les Anglais ne se sont pas seulement bornés à transformer la question de Madagascar en une simple question religieuse et à rassembler, de bon gré ou de force, autour de la ban-
nière de leurs clergymen, le plus possible de la population hova.

Encore tout pleins, avons-nous dit, du souvenir de leur expulsion de 1828 et de 1835, n'ayant aucune confiance dans le caractère astucieux et faux des Hovas, n'ignorant pas du reste qu'une
réaction anti-britannique pourrait très bien se produire à un certain moment, — afin de n'avoir pas quelque chose à redouter
un jour de l'armée hova, ils ont fait tout au monde pour que le
gouvernement la laissât se désorganiser. C'est à leur influence en
effet, que depuis vingt ans les soldats hovas doivent d'avoir été
de moins en moins exercés et d'avoir perdu la force relative
qu'ils tenaient de leur organisation à européenne. Quant à leur
armement, il en est encore aux fusils à pierre et aux canons
du premier Empire ou de la Restauration.

Mais l'objet principal de leurs préoccupations, a été d'avoir
indirectement la haute main sur le gouvernement hova. On peut
affirmer que leur succès sur ce point n'a pas été moindre qu'ailleurs et, cela, en se contentant de faire ériger en principe le
mode d'élection au trône inauguré en 1828. On se rappelle
qu'alors, au mépris des droits du véritable héritier Ramenetak,
les grands avaient proclamé reine la femme du roi défunt et qu'ils
lui avaient imposé un des leurs, Rainiharo, comme premier
ministre. Depuis la mort de Radama II, trois reines se sont
succédé : de 1863 à 1868, Rasaohérina; de 1868 à 1882, Ranavalo II; depuis 1883, Ranavalo III. Eh bien, à l'instigation des
Anglais, ces reines ont toutes été choisies d'une façon aussi irré-
gulière que Ranavalo Ire et chacune, le jour de sa proclamation,
a dû prendre comme premier ministre un membre de la famille
Rainiharo, lequel, sinon le jour même, du moins peu de temps
après, devenait son époux. De sorte que l'on peut dire que,
depuis 1828, si l'on excepte les vingt et un mois du règne de

Radama II, la royauté des Hovas a toujours été, en réalité, occupée par un Rainiharo.

Nous n'avons pas à faire ressortir les intrigues auxquelles doit nécessairement donner lieu cette situation hybride, où la reine, toujours arbitrairement désignée, n'est jamais l'héritière directe, et où un Rainiharo jouit de toutes les prérogatives du roi, sans être de la lignée de Radama. Mais à la faveur de ce mode d'élection du souverain, les Anglais sont parvenus à se faire une âme damnée de la famille des premiers ministres, qu'ils tiennent à la fois et par l'espérance qu'en cas de protectorat britannique ce serait elle qui aurait la couronne, et par la pensée des dangers que la jalousie des autres grands et notamment l'antagonisme de la puissante famille des Raïnizouari, ne manqueraient pas de lui faire courir, si l'Angleterre venait à lui manquer comme soutien. Les Anglais ont si bien su utiliser les circonstances, qu'on peut avancer que, depuis 1863, la crainte de la France aidant, le gouvernement hova n'a pas cessé un instant d'être à leur discrétion absolue, et que son appui leur a été constamment acquis pour tous les progrès qu'ils ont voulu faire dans l'île.

Ces indications rapides prouvent combien nous avions raison en disant plus haut que, depuis 1863, l'Angleterre avait de beaucoup dépassé les résultats auxquels elle était arrivée sous Radama Ier. Actuellement, en effet, l'armée hova n'existe pour ainsi dire plus, et l'Angleterre n'aurait rien à appréhender de son opposition. Le peuple lui-même, désagrégé par l'infiltration anglicane, serait incapable d'un de ces mouvements spontanés qui, dans le passé, le rendirent redoutable aux étrangers. La dynastie nationale, d'autre part, a été tellement troublée par le mépris des lois de l'hérédité, qu'il serait difficile de dire où elle est, et qu'on peut la considérer comme éteinte; elle serait en tout cas incapable de servir de point de ralliement contre une conquête diplomatique ou militaire. Ajoutons enfin que le gouvernement de Tananarive est si bien à eux, qu'il n'entreprend rien que les Anglais n'aient préalablement inspiré ou approuvé.

Les choses, en résumé, ont été amenées à ce point que, si

la France n'était pas là pour s'y opposer, rien ne serait facile aux Anglais comme d'établir du jour au lendemain leur protectorat à Madagascar. Ils se sont emparés de pays où ils ne disposaient pas de la vingtième partie de l'influence qu'ils possèdent en ce moment dans l'île. Pour avoir, dans les vingt-quatre heures, un acquiescement « légal », il leur suffirait d'exercer un semblant de pression sur le premier ministre-époux en lui promettant de le faire roi. Quant aux quelques résistances qui pourraient se produire, un demi-régiment envoyé des Indes serait plus que suffisant pour les comprimer.

CHAPITRE V

Menées anglaises pour empêcher toute influence de notre part à Madagascar. — Violation du traité de 1868 contracté avec nous par les Hovas. — Attaques dirigées par ces derniers contre les territoires relevant de notre protectorat. — Expédition de l'amiral Pierre. — Troisième bombardement de Tamatave. — Modération de nos conditions.

Or tandis que l'influence britannique grandissait dans les proportions que nous venons de voir, on se demande ce que devenait la nôtre, qui était prépondérante sous Radama II. La nôtre? elle n'a fait que décroître. Mais nous devons ajouter qu'elle a surtout baissé en raison de l'état d'hostilité que les missionnaires anglais ont systématiquement entretenu dans le gouvernement hova contre nous.

Comprenant très bien que sa politique à Madagascar n'avait pas seulement à compter avec l'opposition diplomatique que nous pourrions lui faire, et qu'elle devait encore se prémunir contre l'influence que certains de nos compatriotes seraient susceptibles de prendre sur la population hova et les autres Malgaches, à partir de 1863 l'Angleterre a usé de tous les moyens imaginables pour nous faire fermer l'île ou du moins pour la rendre inhabitable aux Français.

Après la mort de Radama, lorsqu'il s'était agi de l'indemnité exigée pour les actionnaires de la Compagnie, l'empereur avait spécifié qu'il ne renouerait de relations amicales qu'après le versement de 1,200,000 francs. Les missionnaires anglais intriguèrent en conséquence auprès du gouvernement de Tananarive, et nous dûmes attendre ce versement trois années. C'étaient trois années pendant lesquelles ils avaient seuls le champ libre pour étudier le terrain, prendre leurs positions,

organiser leur propagande, et pendant lesquelles ils pouvaient
d'autant mieux diffamer la France auprès des Hovas que, sans
être en guerre, nous n'étions pas en paix avec eux.

Les 1,200,000 francs versés, la France ayant entamé des négociations pour un traité de commerce, mêmes atermoiements et
de même origine. Nous n'obtînmes notre traité qu'en août 1868,
quand, depuis longtemps déjà, l'Angleterre avait le sien. De ce
chef, elle avait encore eu le champ libre pendant trois autres
années.

Dans notre traité il y avait notamment deux clauses de nature
à favoriser l'influence de la France et à faire venir des immi-
grants français à Madagascar. La première était relative à la
liberté de propagande du culte catholique ; l'autre au droit, pour
tout Français, de se fixer dans l'île et d'y acheter des terres ou
d'en louer à longs termes. On avouera qu'il n'y avait rien là
d'extraordinaire ou d'exceptionnel, attendu que les mêmes droits
existent dans presque toutes les autres contrées du globe. C'était
cependant encore trop au gré de la mission anglaise. Il n'est
rien qu'elle n'ait entrepris, après la signature de ce traité, pour
qu'il fût mis en morceaux ou devînt lettre morte. En 1870, à la
première nouvelle de nos malheurs, les missionnaires anglais
de Madagascar laissaient éclater une joie révoltante, faisant
répéter dans tous les villages que la France n'existait plus,
qu'elle était tombée au dernier degré des nations, qu'il fallait
saisir l'occasion pour abolir le traité de 1868. Et, en effet,
sur leurs suggestions, le gouvernement hova édictait une loi
condamnant à dix ans de fers tout Malgache qui vendrait des
terres à un Français, et annulant toute aliénation d'immeubles
consentie entre indigènes et Français. Il alla même plus loin,
en déclarant que les terres ne pourraient être affermées, sans
autorisation du gouvernement, pendant plus d'une année,
et en saisissant les biens-fonds légitimement possédés par nos
compatriotes : tel fut le cas de la succession Laborde, dont les
héritiers légitimes n'ont pu entrer en possession et que le gouvernement hova a confisquée à son profit.

Restait la deuxième clause du traité, la liberté d'exercice et
de propagande du catholicisme. Les interdire formellement

aurait été impossible, à moins de soulever des réclamations universelles et de faire crier à la persécution; puis ç'eût été aller directement à l'encontre du traité; or, sur le chapitre de la religion catholique, le gouvernement hova ne voulait pas violer le traité, il préférait l'éluder. Que firent donc les Hovas conseillés par les méthodistes anglais? Chaque fois qu'un missionnaire catholique avait l'intention d'ouvrir une école ou de construire une église, ce n'étaient qu'empêchements et prohibitions de toutes sortes, formalités sans nombre dont il ne sortait jamais, perpétuels voyages à Tananarive pour voir la reine ou ses ministres, près desquels il se heurtait à de continuelles fins de non-recevoir. Quant aux indigènes convertis au catholicisme ou qui envoyaient leurs enfants à une école catholique, on les accablait de corvées. Une expédition était-elle à faire? C'étaient eux qu'on appelait les premiers sous les armes; ils étaient journellement en butte à des avanies de tous genres, et finalement ne pouvaient obtenir la paix qu'à la condition d'embrasser le protestantisme et de faire instruire leurs enfants par les protestants. On dirait que les pasteurs anglicans se sont étudiés à reproduire contre les catholiques malgaches les odieux moyens de coercition dont notre royauté fit usage contre les protestants après la révocation de l'édit de Nantes.

Étant donné cette persécution contre la propagande catholique et l'impossibilité pour les Français, d'acquérir des terres ou d'en affermer pour une certaine période d'années, c'était en somme, la France éliminée de toute la portion de l'île relevant plus ou moins légitimement des Hovas; c'était notre pays ne pouvant avoir à Madagascar ni intérêts matériels, ni intérêts moraux. Les Français n'avaient plus dès lors aucune raison de s'y rendre. C'était comme si Madagascar avait été pour nous, supprimée de la carte.

N'y aurait-il eu que cette violation ouverte du traité de 1868, que notre expédition présente aurait été plus que justifiée contre cette peuplade de sauvages que les clergymen britanniques, dans un intérêt politique, s'ingénient à faire passer pour des hommes civilisés.

Mais on sait que le propre des gens d'église est d'apporter

dans leurs actes une passion qui leur fait toujours dépasser la mesure. Ça été précisément le cas des missionnaires britanniques, au lieu de se contenter des résultats auxquels ils étaient arrivés, ils ont voulu aller plus loin.

En dehors des contrées plus ou moins fictivement possédées par les Hovas, on se rappelle qu'il en existe d'autres qui sont placées sous notre protectorat et dont la plupart des chefs, en échange de droits qu'ils nous ont cédés, sont nos pensionnés depuis plus de quarante années. Eh bien! depuis trois ou quatre années, à l'instigation de la mission anglaise, le gouvernement hova en était arrivé à vouloir s'attaquer à ces territoires pour se les approprier.

Mis en goût par le silence que nos désastres continentaux nous avaient obligés de garder; comptant, en outre, sur l'appui moral de tous les protestants du monde, la mission anglaise, après avoir fait fouler aux pieds notre traité de 1868, avait eu ni plus ni moins que l'idée de pousser les Hovas à relever l'ancien titre de « roi de Madagascar et de ses dépendances » inventé, en 1817, par Farquhar. Et sous ce prétexte les Hovas s'étaient mis à envahir le pays des Sakalaves, persuadés que nous ne ferions rien pour la défense de nos alliés.

Afin même que rien ne manquât à cette résurrection historique, un évêque anglican, du nom de Kestell Kornisch, s'était attribué l'ancien rôle d'Hastie. On le voyait, voyageant en grand appareil dans les contrées soumises à notre protectorat, distribuant des bibles, visitant les chefs, parlant de l'Angleterre, vantant sa puissance, donnant les Français comme un peuple fini et terminant par le conseil de laisser les Hovas, qui allaient le suivre, planter en toute liberté leur pavillon et mettre des postes sur la côte. Avec ces pavillons plantés et ces postes établis, il espérait créer des titres, que l'Angleterre nous aurait opposés plus tard.

L'ardeur des Hovas avait été tellement excitée par ces ministres de l'évangile, qu'un moment, en 1882, ils tentèrent un coup de main sur Nossi-Mitsiou, qu'ils savent nous appartenir en propre, et rien ne dit que, sans la vigilance de notre gouverneur de Nossi-Bé, ils n'auraient pas réussi.

Malheureusement pour les desseins des missionnaires britanniques, la patience et la longanimité de la France étaient épuisées.

Inutile que nous parlions de ce qui a suivi. On connaît les divers épisodes de l'expédition qu'après des tentatives sans nombre pour maintenir la paix nous avons dû envoyer l'année dernière à Madagascar. On sait que, grâce à un esprit de décision qui nous avait fait défaut depuis 1817, grâce surtout à la capacité d'un homme de mer de premier mérite, l'amiral Pierre, — on sait, disons-nous, qu'en moins de deux mois, sans que nous perdissions un seul homme, Mazangaye et Tamatave tombaient dans nos mains, que nous délivrions de ses postes hovas le territoire des Sakalaves, et que tous les bureaux de douanes établis sur les côtes étaient détruits. Après ces brillants faits d'armes, nous nous sommes contentés de bombarder quelques points du littoral oriental, attendant pendant toute la mauvaise saison que le gouvernement de Tananarive, ou plutôt ses conseillers ordinaires, vinssent à résipiscence et consentissent à passer par nos conditions.

Or, ces conditions, on sait également qu'elles ont été plus que modérées, eu égard aux droits que le devoir de notre ministère aurait été d'invoquer. Elles se bornent, en effet : 1° à exiger des Hovas le respect de notre protectorat sur le pays des Sakalaves et des Antankares, c'est-à-dire sur la partie septentrionale de l'île ; 2° à faire rapporter la loi qui interdit à nos nationaux de louer à longs termes ou d'acheter des terres dans les pays soumis au gouvernement de Tananarive ; et 3° à faire indemniser ceux des nôtres qui, au mépris des traités, ont été lésés par le fait des Hovas.

Nous tirerons une dernière conclusion de ce long historique des menées britanniques pour nous enlever Madagascar : c'est qu'il est la meilleure réponse que l'on puisse adresser aux hommes de bonne foi ou non, qui prétendent que cette île constitue une possession coloniale sans aucune valeur, dont l'annexion serait absolument sans utilité pour nous.

CHAPITRE VI

Il y a peu de chance pour que les moyens de coercition employés jusqu'ici amènent les Hovas à composition. — Les missionnaires anglais les engagent à la résistance et à la patience. — Il n'y aurait que la menace d'une marche sur Tananarive qui pourrait les effrayer. — Mais il est peu probable que nous allions à leur capitale. — Si l'on ne veut pas que l'expédition échoue, il faut installer nos soldats hors de l'atteinte des fièvres, faire percer des routes. armer nos alliés malgaches et les organiser.

Maintenant, nous sommes presque à la fin de notre étude.

De toutes les questions que nous nous étions proposé de résoudre au début, il n'en reste plus qu'une en effet sur laquelle nous n'ayons encore rien dit. Nous connaissons les droits de la France sur Madagascar. Nous savons pourquoi cette contrée, à tous les points de vue magnifique, est encore fermée à la civilisation, pourquoi les européens n'y peuvent devenir propriétaires, pourquoi il leur est impossible d'y mettre en valeur le sol, les forêts et les mines, — car les missionnaires anglais, qui se vantent d'être les agents de la civilisation à Madagascar. se sont bien gardés d'inculquer sur tous ces points aux naturels hovas quelques idées civilisées. Nous connaissons enfin les obstacles qui ont empêché jusqu'ici la France d'y exercer ses droits. Mais il reste à savoir ce qu'il faudrait faire pour que notre expédition de 1883 aboutît et qu'elle n'eût point le même sort que nos tentatives pacifiques ou guerrières de 1821, de 1829, de 1845, de 1857 ou de 1863.

D'abord, il faut qu'on s'en persuade bien, l'occupation de Tamatave et de Mazangaye, quand bien même on y ajouterait celle de Diégo-Suarez ou de Vohémar, ainsi que le bombardement des postes hovas du littoral, ne sauraient constituer une solution. Tout cela n'a été regardé, dès le commencement, que comme des moyens coercitifs et temporaires, dont l'objet était uniquement d'intimider le gouvernement de Tananarive et de l'obliger à passer par nos conditions.

Or ceux qui connaissent à fond la question de Madagascar ont toujours déclaré qu'on commettrait une grosse faute de croire que le bombardement des postes de la côte, l'occupation de Tamatave et de Mazangaye, ou même le blocus le plus étroit de tous les ports seraient de nature à faire capituler les Hovas.

Depuis un an, en effet, les évènements ont dû nous convaincre à cet égard. Aucun signe ne nous a été donné que les Hovas fussent disposés à souscrire aux points essentiels de notre ultimatum. Quand bien même, d'ailleurs, ils y souscriraient, on aurait le plus grand tort d'en concevoir de trop grandes illusions : l'opinion de tous les hommes qui les ont fréquentés est que ce ne pourrait être que momentanément et par ruse, dans le seul but de nous éloigner, et que le lendemain même de notre départ, le traité courrait le risque de n'être pas plus observé que ne le fut, deux années après sa signature, celui de 1868.

S'il en est ainsi, c'est sans doute beaucoup parce que les Anglais, qui sont les inspirateurs du gouvernement hova, savent que le jour où nos nationaux pourraient devenir propriétaires à Madagascar, et où la France exercerait un protectorat effectif sur une partie de l'île, c'en serait fait du fruit de toutes leurs intrigues et que leurs projets d'annexion seraient à jamais impossibles ; c'est pourquoi l'on doit s'attendre de leur part à ce qu'ils ne reculent devant rien pour que le gouvernement de Tananarive ne nous accorde aucune satisfaction.

Mais c'est surtout parce qu'au total les moyens de coercition que nous employons ne peuvent être d'aucun effet sérieux sur les Hovas. Si les points que nous occupons ou que les boulets de nos vaisseaux peuvent atteindre, faisaient vraiment partie de leur pays, ce serait autre chose. Ce sont au contraire, des positions, soit stratégiques, soit commerciales, appartenant aux territoires d'autres peuplades, et où ils ne se sont établis que pour dominer les populations environnantes et percevoir des droits de douane. Nous ne contestons point qu'en les en pourchassant nous leur causions de la gêne. Mais on se méprendrait en supposant qu'ils en soient assez incommodés pour que la situation leur devienne intolérable et qu'ils sollicitent la paix. Ils en sont simplement quittes pour se retirer un peu dans l'intérieur et former, quelques lieues plus loin, une autre ligne de douanes; à moins qu'ils ne préfèrent, comme ils l'ont fait après la prise de Mazangaye et de Tamatave, interrompre tout commerce avec la mer.

Observation identique pour le blocus, quelque général qu'il devienne. Dans la supposition d'ailleurs où il serait possible, ses inconvénients seraient considérablement moins sensibles pour les Hovas, qui peuvent se suffire à eux-mêmes, que pour les commerçants américains, anglais ou français, qui vont chercher des vivres à Madagascar ou y porter des produits.

Il n'y aurait qu'une seule chose capable de faire réfléchir les Hovas : ce serait l'arrivée, soit à Tamatave, soit à Mazangaye, d'un corps de débarquement avec ordre exprès de marcher sur Tananarive. S'ils avaient la crainte d'être attaqués dans leur repaire du centre, on peut être sûr que les Hovas ne seraient pas longs à se soumettre, et que nous en obtiendrions ce qu'il nous plairait de réclamer comme garantie de la bonne exécution du traité.

Mais irons-nous les attaquer dans leur capitale? Voilà la question. Personne n'ignore l'état de nos finances. Il n'est guère probable en outre, que nos Chambres consentiraient à faire suivre l'expédition toute récente du Tonkin d'une nouvelle expédition au centre de Madagascar, bien que tout, au contraire, devrait les y pousser. Puis, il faut compter avec la pesée que la diplomatie anglaise et les pasteurs anglicans ne doivent pas manquer de faire exercer plus ou moins indirectement sur notre ministère ; de là peut-être la force d'inertie inexplicable que ce dernier semblerait actuellement opposer. Bref, pour nous, la supposition est qu'en dépit de tout ce qui devrait nous le conseiller, nous n'irons pas attaquer les Hovas à leur seul point vulnérable, c'est-à-dire à Tananarive, — expédition qui serait facile, qui demanderait à peine six mille hommes et une marche de huit jours, et qui nous donnerait d'un seul coup toute l'île de Madagascar.

Il ne faut donc pas s'étonner si, tenus au courant de cette situation par les méthodistes anglais et convaincus que nos opérations se borneront aux côtes, les Hovas ne paraissent éprouver aujourd'hui aucune alarme et vivent en pleine quiétude. Leurs conseillers leur répètent chaque jour que si dans cette guerre ils savent s'armer de patience, c'est la France qui se lassera immanquablement la première et que, soit sur un vote parlementaire, soit sur une note diplomatique de l'Angleterre, soit sur un incident européen quelconque, ils verront nos vaisseaux finir par être rappelés. En sorte que la question de Madagascar sera de nouveau enterrée pour nous, comme elle l'a été déjà vers 1826, en 1832, en 1846, en 1863, et à partir de 1870 jusqu'en 1882.

Or il faut dire que la confiance des Hovas est d'autant plus justifiée à ce sujet, que les Anglais les ont informés que les réclamations du Foreign-Office nous avaient déjà contraints de dissoudre le conseil municipal créé à Tamatave par l'amiral Pierre lors de la prise de la ville, conseil municipal dont l'existence avait troublé leur gouvernement, qui redoutait d'y voir l'indice d'une occupation définitive. Ils n'ignorent pas en outre, que, sur de nouvelles réclamations du même Foreign-Office, en décembre dernier, nous nous étions engagés à mettre un terme à notre bombardement des côtes. Leur dernière ambassade, il est vrai, leur avait rapporté cette assurance de lord Granville, « qu'il lui était impossible de se mettre directement en travers de la France, mais que le jour où elle serait bien engagée sur la piste du Tonkin, il leur promettait de trouver un biais pour nous faire revenir de Tamatave et de Mazangaye ». Ils ont donc dû éprouver de ce chef une déception, puisqu'on doit considérer la question du Tonkin comme à peu près militairement résolue. Mais on peut être persuadé qu'ils n'ont pas dû rester longtemps depuis, sans quelque parole d'espérance et d'encouragement envoyée plus ou moins directement par le Foreign-Office, et destinée à les réconforter et à les engager à tenir bon.

Etant donc admis l'hypothèse que nos troupes ne seront pas envoyées à Tananarive, si l'on veut connaître par quels autres moyens on pourrait arriver à forcer la main aux Hovas, il suffit de se reporter à nos développements antérieurs.

Les lecteurs qui nous ont suivi dans nos détails historiques savent maintenant que la question de Madagascar se compose de deux éléments très distincts, que depuis soixante-dix ans, et surtout depuis 1856 avec Lambert, la politique française a commis la légèreté de confondre. Il y a, en premier lieu, la question de Madagascar proprement dite, avec vingt-cinq ou trente peuplades importantes, constituant à peu près les quatre cinquièmes de la population totale de l'île, possédant les sept huitièmes du sol, dont celles qui ne sont pas sous notre protectorat ne demanderaient qu'à s'y mettre, et que l'histoire nous a toujours montrées avec de grandes affinités pour la civilisation d'Europe. Puis il y a la question toute spéciale des Hovas, à laquelle, par une persévérance remarquable, l'Angleterre est parvenue depuis bientôt trois quarts de siècle, à ramener toute la question de Madagascar.

Eh! bien ce qu'il y aurait à faire et ce qui devrait même être déjà fait, ce serait de nous inspirer d'une politique ayant pour ainsi dire exclusivement en vue la question de Madagascar, et qui n'accorderait par conséquent à celle des Hovas que la part d'importance qu'elle mérite. Ce serait, en d'autres termes, d'adopter la conduite que nous avons eu le tort de ne pas suivre en 1821 et en 1829.

A ces deux époques, quand les Anglais nous suscitaient les Hovas, si nous avions été doués d'un peu d'esprit pratique, nous aurions reconnu de suite que notre intérêt était de nous appuyer sur les indigènes et qu'il n'y avait qu'à leur fournir des armes, à leur donner quelque teinture d'organisation à l'européenne, pour avoir largement avec eux de quoi exterminer les Hovas ou les obliger à rester dans leur province. C'est seulement en effet parce qu'on les a complètement laissés de côté et que nous avons voulu trancher la question avec des forces que, pour une raison ou pour une autre, la métropole ne pouvait envoyer, que la puissance des Hovas a pu s'accroître jusqu'à nos jours, et que, dans tout ce que nous avons tenté jusqu'ici à Madagascar, nous avons échoué.

Eh! bien, nous le répétons, la conduite que nous devrions adopter aujourd'hui est justement celle dont on pourrait nous reprocher de n'avoir pas eu l'idée en 1821 et en 1829, et que l'amiral Peyron était lui-même d'avis de suivre dès l'année dernière, en faisant expédier pour les Sakalaves d'anciens fusils de nos compagnies sénégalaises, conservés dans l'arsenal de Toulon.

D'abord, en vue d'éviter à nos troupes la fièvre des côtes, il serait indispensable de leur faire quitter le littoral et de les installer à quatre ou cinq lieues dans l'intérieur, dans des endroits où la santé de l'Européen n'a plus rien à redouter.

Si nous sommes bien informé, c'est une autorisation de ce genre que l'amiral Miot a tout récemment demandée pour la majeure partie de la garnison de Mazangaye. Le choix de Marouwouaye est à nos yeux la preuve que le commandant de nos forces navales a été exactement renseigné sur cette localité, dont la salubrité ne laisse effectivement rien à désirer. Notre opinion serait cependant qu'on remontât un peu plus haut, dans la baie de Bombétok, à Maévatanane par exemple, où les bateaux peuvent mouiller et qui, situé en plein pays sakalave et sur la route de Tananarive, permettrait de grouper autour de nous un certain nombre de nos alliés.

On a parlé également de percer plusieurs routes, dont l'une de la baie de Passandava à Vohémar à travers la partie septentrionale de l'île, et qui, de distance en distance, serait défendue par des fortins. Tout cela serait aisé à faire, sans véritables dépenses, vu le prix insignifiant de la main-d'œuvre, et ces voies de communication, tout en nous servant de moyens de circulation, seraient un premier gage de sécurité pour nos alliés les Antankares et les Sakalaves, et pour les nombreux colons de la Réunion ou de Maurice qui ont l'intention d'aller s'établir dans le pays.

Puis, une fois que 7 à 800 de nos hommes seraient bien établis à l'intérieur, hors de l'atteinte des fièvres du littoral, et que nous aurions un résident avec vingt ou trente hommes à Tuléar et à Fort-Dauphin, il ne resterait plus qu'à faire passer à nos alliés malgaches une certaine quantité de ces armes renfermées dans nos arsenaux et dont le modèle n'est plus employé, et qu'à les aider à s'organiser (1) en leur adjoignant une centaine de volontaires d'Europe ou d'Algérie, pour les instruire, les encadrer et les diriger. Quant à la suite, on pourrait compter sur la haine invétérée du Malgache pur contre les Hovas. Quand le gouvernement de Tananarive, tandis que des garnisons françaises seraient à Tamatave, à Mazangaye et à Maévatanane, sur la route de Mazangaye à Tananarive, se verrait avec la perspective d'être serré, au nord, à l'est et au sud, par un ensemble de peuplades armées, non plus de zagaies mais de fusils, et auxquelles la poudre ne manquerait pas, quelque dures que fussent nos conditions, on peut être sûr qu'il les trouverait douces. On peut être même persuadé que la seule idée d'un armement de ce genre suffirait pour le mettre à notre complète discrétion.

En agissant ainsi, sans qu'il en coûtât grand'chose à la métropole, sans qu'on eût à perdre plus d'hommes que l'amiral Pierre n'en a perdu lui-même dans sa belle campagne de 1883, la question des Hovas serait promptement et à jamais résolue. Nous disons « à jamais résolue », car dans l'éventualité d'un retour plus ou moins spontané ou suscité par les Anglais, les autres peuplades organisées, nous fourniraient des forces suffisantes pour réduire le gouvernement de Tananarive ou le tenir en respect.

Mais si l'on ne va point à Tananarive et que l'on n'emploie

---

(1) Les archives de Maurice renferment une lettre inédite, relative justement aux qualités militaires des Malgaches. Elle est datée de Paris, 21 décembre 1792, et écrite par les deux députés de l'île de France, Cossigny et Broutin, au moment où la première République était menacée d'une guerre avec l'Angleterre. Le conseil donné par ces deux députés pour la défense de l'île de France est :

« D'engager des noirs libres à Madagascar, de les transporter à l'isle de France, de les former en bataillons qui seroient commandés par des officiers blancs et par des sous-officiers noirs libres francisés. — Les Madécasses, ajoutent-ils, sont naturellement braves et dociles; on les formeroit aisément et promptement aux exercices et à la discipline militaires, et on les emploïroit utilement à la défense de la colonie. »

point le moyen que nous indiquons, quoi que l'on fasse, blocus, bombardement, descente ou occupation des côtes, tout sera en pure perte et on peut dire à l'avance que notre expédition actuelle se terminera par une reculade, reculade dont le résultat le plus clair sera de faire passer définitivement Madagascar aux mains des Anglais.

CHAPITRE VII

La soumission des Hovas n'est qu'une des faces de la question. — Il faudrait que le gouvernement s'occupât d'ores et déjà de ce qu'il y aurait à faire pour tirer parti de l'île. — Un des meilleurs moyens serait l'adjonction à chacune de nos tribus alliées de Compagnies agricoles et industrielles qui se chargeraient de tout mettre en valeur.

Mais, que ce soit ou non par la prise de Tananarive que notre expédition d'aujourd'hui reçoive un dénouement conforme à notre dignité et à nos droits; que ce soit l'épée sur la gorge ou seulement par la crainte de ce qu'une résistance trop entêtée pourrait avoir pour eux, que les Hovas se résignent à reconnaître la suzeraineté de la France, ce n'est là qu'un simple détail ; par la raison que le jour où, après tant de tentatives infructueuses, notre pouvoir, serait enfin incontestablement établi dans l'île, nous ne serions arrivés qu'à une solution partielle de la question de Madagascar, telle au moins que nous l'avons envisagée ici. Après avoir mis les Hovas à la raison, nous aurions bien résolu, il est vrai, la question de la paix de l'île et du maintien de nos droits ; mais nous n'aurions fait en cela qu'une œuvre de police ; il ne nous en resterait pas moins à accomplir à Madagascar une véritable œuvre de politique coloniale.

Or comme nous ne doutons pas un seul instant que le ministère n'aille jusqu'au bout avec les Hovas, c'est de ce dernier côté que nous voudrions d'ores et déjà que se portât toute l'attention du gouvernement.

Avec ses immenses étendues de terres inoccupées et toutes ses richesses naturelles, Madagascar offre des débouchés considérables où les bras, les capitaux et le génie industriel de la

France pourraient trouver les emplois les plus fructueux. Rien ne dit même que, dans l'état de crise dont le monde économique paraît encore menacé pour de longues années, cette île ne nous offrirait pas une ressource inappréciable, surtout aujourd'hui où, avec la conquête du Tonkin et notre proximité de la Chine, nous pourrions au besoin transporter à Madagascar des milliers de travailleurs chinois et tonkinois pour les premiers travaux de défrichement et de culture. En restant dans une appréciation modérée, cette île pourrait présenter la solution de la question sociale pour toute notre population du Midi. On ne saurait donc s'y prendre trop tôt, à notre avis, pour étudier les meilleurs moyens de tirer profit d'une pareille acquisition.

Les procédés coloniaux dont on semble engoué dans nos sphères officielles, et qui sont tous inspirés de l'ingérence incessante de l'État ou de la constitution de monopoles financiers, seraient effectivement à notre sens, pernicieux pour Madagascar.

Notre dessein n'est pas de traiter ici ce côté de la question, qui demanderait un travail tout à part.

Il nous serait cependant facile de faire voir que des résultats grandioses et immédiats pourraient être obtenus, si l'on partait de ce principe d'adjoindre à chacune de nos tribus alliées une ou plusieurs Sociétés agricoles ou industrielles du genre de la Compagnie de Madagascar de 1863 et dont le rôle consisterait à faire venir des travailleurs jaunes, à organiser l'émigration de nos nationaux, à leur répartir les terres disponibles, à exploiter les mines, à créer les échanges, en un mot à mettre toutes les parties de l'île en valeur.

Avec la Réunion, l'ancienne population française de Maurice et nos colonies des Antilles, nous sommes convaincu qu'il ne serait pas difficile de réunir les capitaux et le personnel initial nécessaires à la formation de Sociétés de cette sorte ; et dès lors qu'elles seraient dirigées par des hommes rompus aux cultures coloniales, il est permis de dire qu'elles ne pourraient qu'arriver à un grand degré de prospérité. L'histoire de Madagascar avant la Révolution est d'ailleurs la preuve vivante qu'en usant de diplomatie les indigènes seraient aisément amenés à prêter tout leur concours à des entreprises semblables.

Nous ne faisons qu'indiquer l'idée.

Mais par ce système, renouvelé de Pronis, de Flacourt et de Bényowski, système qui n'exigerait pas un centime de l'État, avant vingt années la grande île malgache serait peuplée de Français ou de métis, et sans parler de nos compatriotes qui pourraient aller s'y établir, on devine que les produits de la France y trouveraient l'écoulement le plus avantageux.

FIN

TABLE DES MATIÈRES

FIN DE LA TABLE DES MATIÈRES.

Paris. — Typographie Georges Chamerot, 19, rue des Saints-Pères. — 16400.

www.ingramcontent.com/pod-product-compliance
Lightning Source LLC
Chambersburg PA
CBHW070944100426
42738CB00010BA/1958